Foto: © Juan Esteves

MASSAO OHNO, EDITOR

ARTES DO LIVRO 12
Dirigida por Plinio Martins Filho

Ateliê Editorial

CONSELHO EDITORIAL
Beatriz Mugayar Kühl
Gustavo Piqueira
João Angelo Oliva Neto
José de Paula Ramos Jr.
Lincoln Secco
Luiz Tatit
Marcelino Freire
Marcus Vinicius Mazzari
Marisa Midori Deaecto
Paulo Franchetti
Solange Fiúza
Vagner Camilo

MASSAO OHNO, EDITOR

JOSÉ ARMANDO
PEREIRA DA SILVA

Ateliê Editorial

Copyright © 2019 José Armando Pereira da Silva

Direitos reservados e protegidos pela Lei 9.610
de 19 de fevereiro de 1998.

É proibida a reprodução total ou parcial sem autorização,
por escrito, da editora.

Dados Internacionais de Catalogação na Publicação (CIP)
(Câmara Brasileira do Livro, SP, Brasil)

Silva, José Armando Pereira da
    Massao Ohno, Editor / José Armando Pereira da Silva.
-- Cotia, SP : Ateliê Editorial, 2019. --
(Coleção artes do livro ; 12)

    Bibliografia.
    ISBN 978-85-7480-839-0

    1. Catálogos de editores 2. Crítica literária 3. Design gráfico 4. Editores de livros - Brasil 5. Editores e edição - Catálogos 6. Editores e edição - História 7. Livros - Design 8. Massao Ohno, 1936 - I. Título. II. Série.

19-30366   CDD-070.50981

Índices para catálogo sistemático:
1. Brasil : Editores de livros : História 070.50981

Iolanda Rodrigues Biode - Bibliotecária - CRB-8/10014

Esta edição só foi possível com o apoio de Frederico Jayme Nasser.

Direitos reservados à **ATELIÊ EDITORIAL**
Estrada da Aldeia de Carapicuíba, 897
06709-300 – Granja Viana – Cotia – SP – Brasil
Tel: (11) 4702-5915
contato@atelie.com.br | www.atelie.com.br
facebook.com/atelieeditorial | blog.atelie.com.br
2019
Printed in Brazil | Foi feito depósito legal

De seus pequenos estúdios (fosse no Bexiga ou nos Jardins) sempre bagunçados, o encontro de pessoas queridas, Massao Ohno, editando livros de poesia como quem incensa a rebeldia, colaborou para deixar o Brasil um país perigosamente mais sensível. E infinitamente melhor. Seus amigos e os leitores de suas muitas revelações sabem que tal ato o tornou gigante, do tamanho de qualquer um dos belos versos trazidos à tona por seu espírito gentil.

MIGUEL DE ALMEIDA

Para que minhas netas da era digital
JUANA, ISABEL, MARIA AMÉLIA
e MARIA LUIZA não deixem de amar
os livros e suas revelações.

INTRODUÇÃO.8 UM PROJETO.11 SUA REALIZAÇÃO.12 ESTE REGISTRO.14 A PRODUÇÃO GRÁFICA.16 ACÁCIO ASSUNÇÃO.17 JOÃO SUZUKI.18 CYRO DEL NERO.18 WESLEY DUKE LEE.19 TIDE HELLMEISTER.20 MANABU MABE.20 TOMIE OHTAKE.21 MASSAO OKINAKA.21 ALINA OKINAKA.21 KAZUO WAKABAYASHI.21 ARCANGELO IANELLI.22 DARCY PENTEADO.22 ALDEMIR MARTINS.22 SELMA DAFFRÉ.22 **I AS PRIMEIRAS EDIÇÕES**.24 FERNANDO ODRIOZOLA.27 SERGIO MILLIET.28 RUY APOCALIPSE.30 ROBERTO SCHWARZ.31 CARLOS HENRIQUE DE ESCOBAR.31 **II OS NOVÍSSIMOS E A GERAÇÃO 1960**.32 COLEÇÃO DOS NOVÍSSIMOS.40 CLOVIS BEZNOS.41 JOÃO RICARDO PENTEADO.43 LILIA APARECIDA PEREIRA DA SILVA.44 EUNICE ARRUDA.45 PAULO MARCOS DEL GRECO.47 EDUARDO ALVES DA COSTA.48 LEA MARIA DE BARROS MOTT.50 CARLOS FELIPE MOISÉS.50 JOCY DE OLIVEIRA.54 AUGUSTO BOAL.55 CELSO LUIZ PAULINI.56 ISTVÁN JANCSÓ.56 LUIZ REGIS GALVÃO.56 CÉLIA BITTENCOURT.56 EDGARD GURGEL ARANHA.58 ROBERTO SIMÕES.58 JOSÉ MARIANO CARNEIRO DA CUNHA.58 LINDOLF BELL.60 ROBERTO PIVA.63 MAMEDE COELHO.68 DECIO BAR.68 SERGIO LIMA.70 CLAUDIO WILLER.73 RUBENS RODRIGUES TORRES FILHO.75 BRUNO TOLENTINO.76 OTONIEL SANTOS PEREIRA.78 NEIDE ARCHANJO.78 ALBERTO BEUTTEN-MÜLLER.80 GLAUCO PINTO DE MORAIS.80 RONALD ZOMIGNAN CARVALHO.81 JORGE MAUTNER.82 JOSÉ ROBERTO AGUILAR.82 ÁLVARO ALVES DE FARIA.84 CARLOS VOGT.86 RODRIGO DE HARO.88 PÉRICLES PRADE.88 **III OUTROS DOS ANOS 1960**.92 JULITA SCARANO.95 MARIA JOSÉ GIGLIO.95 MANUELA LIGETI.98 CASSIANO NUNES.100 CARLOS MARIA DE ARAUJO.101 **IV VANGUARDA DIVIDIDA**.102 MARIO CHAMIE.105

V QUATRO MULHERES·110 RENATA PALLOTTINI·114 LUPE COTRIM GARAUDE·114 IDA LAURA·114 HILDA HILST·123 **VI AFINIDADES ORIENTAIS**·132 RYŪNOSUKE AKUTAGAWA·141 OSAMU DAZAI·141 MASUO BASHŌ·143 SAIGYŌ·143 NISSIN COHEN·143 NEMPUKU SATO·144 H. MASUDA GOGA·144 TERUKO ODA·144 PEDRO XISTO·144 LUÍS CARLOS VINHOLES·144 **VII TEATRO, CINEMA, HUMOR E MÚSICA**·148 GIANFRANCESCO GUARNIERI·151 ROBERTO FREIRE·154 LAURO CESAR MUNIZ·154 JOSÉ SEIXAS PATRIANI·160 EDUARDO VIDOSSICH·161 JOSÉ PEDRO DE OLIVEIRA COSTA·163 **VIII INTERVALO CINEMATOGRÁFICO**·164 AURORA DUARTE·167 JULIO BRESSANE·170 ANSELMO DUARTE·170 LIVIO XAVIER·173 DULCE CARNEIRO·175 FRANCISCO LUIZ DE ALMEIDA SALLES·175 **IX 1976: O RETORNO**·176 DORA FERREIRA DA SILVA·187 SÉRGIO MACEDO·190 XALBERTO – CARLOS ALBERTO DE OLIVEIRA·190 **X PARCERIAS NO RIO**·194 ÊNIO SILVEIRA·197 PÔSTERS-POEMAS·202 JOAQUIM CARDOZO·202 PAULO MENDES CAMPOS·202 MOACYR FÉLIX·202 THIAGO DE MELLO·202 LÊDO IVO·214 GILBERTO MENDONÇA TELES·214 OLGA SAVARY·217 MARLY DE OLIVEIRA·222 WALMIR AYALA·226 CARLOS NEJAR·226 AFONSO HENRIQUES NETO·230 **XI OUTRAS GERAÇÕES**·234 BEATRIZ HELENA RAMOS AMARAL·237 LEILA ECHAIME·240 FRANCO TERRANOVA·244 PAULO LUDMER·247 CARLOS BRACHER·247 FERNANDO BONASSI·249 ANTÔNIO VITOR·249 ÉSIO MACEDO RIBEIRO·250 **XII TRADUÇÕES**·252 PAUL VALÉRY·255 JAMES JOYCE·257 LEONOR SCLIAR-CABRAL·258 T.S. ELIOT·259 **XIII RELAÇÃO DE OBRAS**·262 **BIBLIOGRAFIA**·286 **ÍNDICES**·290 **OBRAS**·291 **AUTORES**·304

INTRODUÇÃO

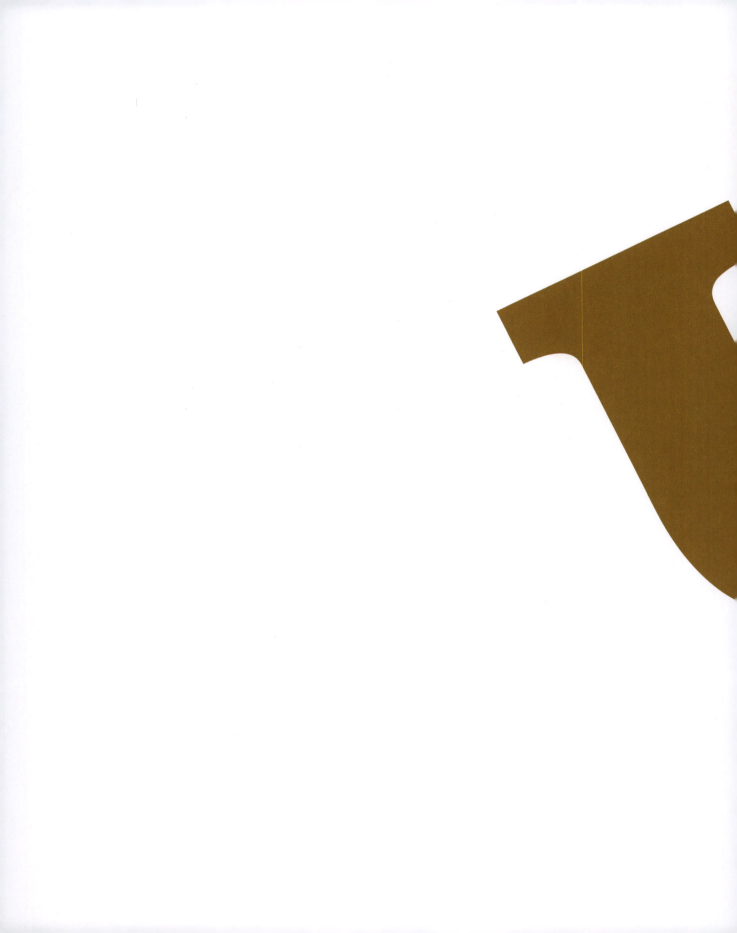

M PROJETO

A ideia da fazer o levantamento da produção editorial de Massao Ohno me ocorreu por ocasião da homenagem que lhe foi prestada no Instituto Moreira Sales pelos seus 45 anos de atividade, em 6 de dezembro de 2004. Personalidades do meio cultural o prestigiaram, foram lembrados autores por ele editados, foram ouvidos depoimentos de alguns deles e realçada sua importância especialmente na publicação de poetas de várias gerações. Inventariar os títulos por ele publicados daria dimensão mais concreta de sua longa tarefa. Movia-me outro interesse, pois, tendo levantado no livro *João Suzuki, Travessia do Sonho*, a carreira de um dos seus primeiros parceiros no desenho de capas e ilustrações, atraía-me a possibilidade de conferir a colaboração de outros artistas, que deram caráter a suas edições. A primeira pessoa a saber de meu propósito deveria ser o próprio Massao. Alcancei-o por telefone em casa de sua filha, em Boituva, e ele, sem qualquer rodeio, disse: "Está em boas mãos".

Iniciei o rastreamento das edições em acervos disponíveis *online*, e surpreendeu-me as escassas referências nas bibliotecas públicas e de universidades, em oposição à numerosa oferta nos sebos virtuais. O predomínio de novos autores e do gênero poesia, resultavam nessa dispersão e ausência. No cadastro da Biblioteca Mário de Andrade, a principal de São Paulo, não passavam de duas dezenas de títulos, sendo estimadas cerca de mil obras por ele editadas. Para conhecer sua produção o recurso era sair à procura de livros usados, que foram aumentando minha coleção.

Nesse meio tempo sobreveio a morte de Massao em 11 de junho de 2010. Alguns dias depois, amigos e familiares se reuniram no Centro Cultural São Paulo para a celebração de seu legado e amizade. Um encontro de lembranças e emoção com música, leituras de poemas e depoimentos. A homenagem foi encerrada com uma dança ritual do butô Toshi Tanaka.

Saindo da cerimônia, tomou-me a sensação de que se inscrevera o epitáfio oficial, a partir do qual o esquecimento, aos poucos, iria apagar seu nome e sua obra. Ocorreu-me que naquela área, onde se construiu o Centro Cultural, na Rua Vergueiro, localizava-se a primeira oficina do editor, e pensei numa forma de preservação. Encaminhei ao então Secretário Municipal de Cultura, Carlos Augusto Calil, sugestão mencionando esse vínculo simbólico e propondo que se formasse junto à Biblioteca do Centro Cultural o Acervo Massao Ohno. Tendo os títulos existentes nas Bibliotecas Municipais como reserva inicial, seria aumentado com aquisições e doações de amigos e autores editados por ele, que certamente atenderiam ao convite. Argumentei que dessa forma se alcançaria um conjunto importante para pesquisa de literatura e do design gráfico na segunda metade do século XX representados em suas edições.

SUA REALIZAÇÃO

O Secretário respondeu prontamente, encaminhando minha sugestão para a Biblioteca Mário de Andrade (BMA), que, na rede municipal, tem o escopo de formação e guarda de acervos. Perdia-se a simbologia geográfica, mas ganhava a causa. Já nos primeiros contatos, a diretora da BMA Maria Cristina Barbosa de Almeida e o supervisor de acervo Wiliam Okubo mostraram sintonia e entusiasmo com a proposta, programando o lançamento da coleção em um encontro em 20 de setembro de 2010.

Ao evento, que aconteceu no *hall* principal da BMA, compareceram familiares, amigos e colaboradores de editor. Prestaram depoimentos autores por ele publicados, como Clovis Beznos, João Ricardo Penteado, Eunice Arruda, Carlos Felipe Moisés, Leila Echaime, Claudio Willer e Paulo Ludmer. Com projeção de algumas imagens, lembrei seus colaboradores na autoria de capas e ilustrações. O ato foi encerrado com a exibição de algumas sequências do

Notícia de lançamento do Projeto Massao Ohno
no Portal da Prefeitura Municipal de São Paulo.

documetário sobre Massao que vinha sendo preparado por Paola Prestes. Ao mesmo tempo, na entrada da Biblioteca Circulante foram expostas algumas obras por ele editadas, consideradas raras, e, na sala de atendimento, as disponíveis para empréstimo.

Estava, assim, constituída oficialmente a coleção, à qual aportei meu acervo, e que também recebeu importantes doações de Marjorie, sua mulher, de sua filha Beatriz, de familiares de João Suzuki, além de autores editados. Visando ampliá-la, foi elaborado, por meio da Associação de Amigos e Patronos da Biblioteca Mário de Andrade, o projeto "Massao Ohno – Arte em Todas as Páginas", com os objetivos de localizar obras publicadas pelo editor ainda não existentes na coleção, realizar identificação das ilustrações nas obras da coleção, digitalizar obras consideradas mais relevantes, restaurar obras que se encontrassem deterioradas, elaborar publicação digital e desenvolver página especial da Biblioteca na internet para divulgação da pesquisa, elaborar publicação impressa com o material da coleção, organizar exposição das obras mais relevantes, e gerar contrapartidas que expressassem a importância da ilustração como expressão artística e também na edição de livros, e que promovessem interesse na área e seu estudo, como oficinas de ilustração e ciclo de palestras com especialistas.

Embora nem todos esses objetivos tenham sido alcançados, por dependerem de recursos não previstos no orçamento da BMA, o principal foi concretizado: a catalogação e restauração dos livros recebidos e encaminhamento de duplicatas para outras bibliotecas do sistema municipal. Hoje leitores e pesquisadores têm disponíveis na BMA cerca de seiscentas obras publicadas por Massao Ohno, muitas delas consideradas raras, e outras, preciosidades editoriais. A memória de seu trabalho, seu pioneirismo em inovações gráficas estão resguardados; e suas escolhas, especialmente no gênero poesia da segunda metade do século XX, ganharam um centro de referência. Seria muito desejável que esse conjunto de informações pudesse ser acessado pelas novas mídias, conforme previa o projeto.

ESTE REGISTRO
A relação de obras apresentada no final desse trabalho chega a número maior de publicações, mostrando que o acervo da BMA, já bastante significativo, pode ser aumentado com novas buscas e aquisições.

A documentação iconográfica selecionada de quase duas centenas de títulos representa um recorte dessa enorme produção.

Privilegia obras editadas entre 1960 e 1964, anos em que Massao concentrava em sua oficina o inteiro processo, do desenho à impressão, e coincide com o surgimento dos poetas da chamada Geração 60. Grande parte deles teve seu livro de estreia lançado por Massao, e voltou para edição de outras obras. Alguns deles viriam a encontrá-lo nas décadas seguintes.

A seleção documenta também outros autores e outros gêneros acolhidos por Massao nesse período. Entre os autores (no caso, autoras), Hilda Hilst e Renata Pallottini, com as quais iria manter uma longa convivência.

Constaram ainda de seu catálogo inicial da editora peças de teatro e textos sobre cinema, pintura e música.

O lançamento de uma coleção de Clássicos Orientais aponta vertentes literárias afins às origens familiares e culturais do editor, que iriam se desdobrar em edições de inúmeros praticantes do haicai, além de relatos e ensaios relacionados com a imigração japonesa.

Outra razão determinou atenção maior para os anos 1960 a 1964. É nesse intervalo de cinco anos, que Massao, com a assistência de João Suzuki, Acácio Assunção, Cyro del Nero, Tide Hellmeister e Wesley Duke Lee, estabelece um caráter distinto e marcante de sua produção quanto ao design e ilustração.

De 1965 a 1973, esteve dedicado à produção e distribuição cinematográfica. Aos poucos foi retomando a atividade editorial, para voltar com toda força em 1976 em evento de repercussão: a Feira de Arte e Poesia, realizada no Teatro Municipal de São Paulo.

A partir desse momento nunca mais parou, estendendo seu trabalho até o início dos anos 2000. Houve o tempo de associação com a editora Civilização Brasileira e de inclusão de autores do Rio de Janeiro no seu catálogo, sendo Olga Savary a mais frequente. Sua sede permanente continuou sendo em São Paulo, em escritórios improvisados

Primeiro logotipo usado por Massao Ohno para a Coleção dos Novíssimos.

Segundo logotipo usado por Massao Ohno.

que passaram por diversos endereços. Continuavam a chegar muitas solicitações, a maioria de novos autores atraídos por sua legenda, apesar de todos os riscos que lhe imputavam.

Não eram mais os tempos heroicos da Rua Vergueiro. O resultado final de seu trabalho dependia agora de negociação e escolha de uma empresa gráfica. Havia prazos e compromissos a serem cumpridos. A distribuição e venda nas livrarias ganharam maior racionalidade. Para enfrentar esses esquemas burocráticos, Massao contou com coeditores. Em mais longo tempo, estiveram ao seu lado Roswitha Kempf e Maria Lydia Pires e Albuquerque. Outras parcerias garantiram suporte financeiro, especialmente com entidades públicas ou privadas, como a Aliança Cultural Brasil-Japão. Mas ele não abria mão de acompanhar a finalização do livro. Jiro Takahashi relata a sedutora habilidade em cooptar funcionários das gráficas no atendimento de seus projetos, nem sempre os mais práticos e convencionais.

A PRODUÇÃO GRÁFICA

As capas e alguns documentos aqui reproduzidos ilustram diferentes momentos da carreira de Massao: a fase inicial, que vai até 1964; o período que dedicou à atividade cinematográfica, com poucas edições; o retorno em 1976 na Feira de Poesia e Arte; a associação com a editora Civilização Brasileira e sua aproximação dos autores do Rio de Janeiro; e a fase final nos anos 1990.

Dentro dessas etapas, agrupamos obras por autores, a partir de sua primeira edição com Massao. O empenho em acessar e registrar de forma abrangente a produção dos anos 1960 toma em conta que as edições desse período sintonizam manifestações transformadoras do teatro, da música, do cinema e da literatura, incluindo-se, nesse último nicho, a poesia de vanguarda e a dos novos poetas, depois chamados Geração 60, que fizeram de Massao seu

Símbolo que identifica muitas edições de Massao Ohno.

principal divulgador. Também a razão de alguns autores e autoras estarem representados com maior número de obras corresponde às preferências de Massao, que com eles manteve ligação mais duradoura.

As reproduções iconográficas vêm acompanhadas de apontamentos biográficos e históricos e de depoimentos, que procuram identificar brevemente os autores e suas obras, além de evocar circunstâncias e motivações que os levaram ao encontro do editor.

Depois de um primeiro momento em que foi apenas impressor de coleções de poetas organizadas por Alexis Pomerantzeff, Massao assumiu de fato o papel de editor em agosto de 1960 com a Coleção dos Novíssimos, que, em três anos, lançou treze títulos – pequenos volumes, produzidos em sua oficina, cujos projetos gráficos ganharam identidade com a parceria dos artistas plásticos Acácio Assunção, João Suzuki, Manabu Mabe, Cyro del Nero e Wesley Duke Lee. Paralelamente outros títulos foram lançados até 1964, quando, além desses colaboradores se incorporaram Aldemir Martins e Tide Hellmeister, o mais efetivo no papel de designer.

O desenhista ACÁCIO ASSUNÇÃO (1935) deu contribuição importante. Português de Leiria, tinha chegado ao Brasil em 1952, vindo a participar da v Bienal e dos Salões Paulista e Nacional de Arte Moderna em 1958 e 1959. Ficou mais conhecido nas exposições da Galeria de Arte das Folhas e da Petite Galerie, no Rio de Janeiro. De volta a Portugal, parece ter escolhido um discreto caminho, pois foi encontrada apenas notícia de uma exposição sua em Leiria, em 1974.

São dele as capas e ilustrações dos dois primeiros lançamentos da Coleção dos Novíssimos: *Poemas do Amor Mais Puro*, de Clovis Beznos (p. 41) e *Os Rumos*, de João Ricardo Penteado (p. 43), e a capa de *Lamentações de Fevereiro*, de Paulo Del Greco (p. 47). A vivacidade e fantasia de seu traço, que haviam impressionado o crítico Wolfgang Pfeiffer, se manifestam especialmente nas ilustrações, com resultados assemelhados à gravura. Porém, é mais sóbrio, busca clareza e elegância nas capas desses livros e das peças de teatro incluídas

Acácio Assunção.

INTRODUÇÃO 17

João Suzuki

na coleção: *Revolução na América do Sul,* de Augusto Boal (p. 55), e *Apague Meu Spotlight,* de Jocy de Oliveira (p. 54).

Acácio Assunção participou ainda do planejamento da Coleção Teatro (pp. 152 e 155). Fez capa e ilustrações para *9 Poemas* de Carlos Maria de Araujo (p. 101), e capa e a compilação de ilustrações para *Cinema Polonês Hoje* (p. 157).

A arte de JOÃO SUZUKI (1935-2010) está presente em quatro títulos da Coleção: *É Tempo de Noite,* de Eunice Arruda (p. 45), *Fátima e o Velho – Post Mortem,* de Eduardo Alves da Costa (p. 48), *Treze Mulheres Azuis,* de Lea Mott (p. 50), e *Antologia dos Novíssimos* (p. 57). Com Manabu Mabe responderia pela direção artística da coleção Clássicos Orientais, que foi iniciada com a publicação de *Rashomon e Outros Contos,* de Ryunosuke Akutagawa (p. 140), para o qual desenhou a capa e Mabe as ilustrações internas. Desse projeto resultou, porém, apenas esse livro.

Suzuki tinha sido discípulo de João Rossi e fizera suas primeiras exposições nos Salões do Grupo Seibi, que reunia os artistas plásticos nipo-brasileiros, onde, ainda muito jovem, ganhara respeito, embora visto como um caráter inquieto e irreverente. A partir da VI Bienal, em 1961, desenvolveu intensa atividade, fazendo-se reconhecido como um novo talento de sua geração. Seus primeiros trabalhos seguem pauta expressionista, mostrando retirantes, catadores de papel e figuras do território lumpen da cidade. Esse o temário escolhido para ilustrar os contos de Lea Mott e de Eduardo Alves da Costa.

Para os poemas de Eunice Arruda preferiu um grafismo abstrato, leve e monocromático. E marcou a capa da *Antologia dos Novíssimos* de uma forma simples e forte: uma mancha de duas cores expandida em campo branco.

CYRO DEL NERO (1931-2010) estava voltando de estágio em cenografia na Alemanha em 1960, quando encontrou Massao para a edição de *A Poliflauta de Bartolo,* de Carlos Felipe Moisés (p. 51). Iniciava, então, uma carreira que iria se desdobrar em várias frentes: artes plásticas, teatro, cinema, televisão, decoração, design, publicidade. No mesmo ano fez sua primeira exposição individual da Galeria São

Cyro del Nero

Luís e desenhou para o Teatro Brasileiro de Comédia a cenografia de *O Pagador de Promessas*, de Dias Gomes, e de *A Semente*, de Gianfrancesco Guarnieri, cujos desenhos usou como ilustração na edição da peça feita por Massao (p. 153).

Para capa de *A Poliflauta* escolheu a simples reprodução de uma lâmina de madeira, como se fosse uma caixa guardando "todos os sonhos do mundo", que latejavam nos versos do jovem poeta e que o ilustrador fazia reverberar internamente numa série de ilustrações inquisitivas.

Fora da Coleção dos Novíssimos, desenhou a capa de *Lavra Lavra*, obra inaugural da Poesia Praxis de Mário Chamie (p. 109), uma concepção que utiliza apenas a palavra título. Produção mais requintada foi a do *Livro de Sonetos*, de Renata Pallottini (p. 117). Uma caixa com 42 lâminas em cartão, entremeadas com ilustrações. Outra vez, contrastava o desenho da tampa com os internos, de cores e grafismos agressivos, sugerindo que a forma disciplinada do soneto podia abrigar mensagens candentes.

Cyro del Nero também desenhou capa para a segunda edição de *Os Ciclos*, de Lindolf Bell (p. 61), quando seu primeiro livro, *Os Póstumos e as Profecias*, já constava da Coleção Novíssimos.

Associação marcante de um *turning point* na poesia e nas artes plásticas, o último livro da Coleção dos Novíssimos, *Paranoia*, de Roberto Piva (p. 64), trazia fotos e ilustrações de WESLEY DUKE LEE (1931-2010). Em sua estada nos Estados Unidos, Wesley sentira as transformações da arte *pop* nos trabalhos de Robert Rauschenberg, Jasper Johns e Cy Twombly. Essa experiência e seu encontro com as obras de Duchamp e Kurt Schwitters funcionaram como estímulos para incorporar a colagem, o pastiche, o *ready made* e a fotografia, abrindo caminho para a instalação e a performance, marcando o caráter de um artista em permanente experimentação.

Antes Wesley já havia participado do projeto de *Sete Cantos do Poeta para o Anjo*, primeiro livro de Hilda Hilst com Massao (p. 115). Em grande formato e papel especial, compõe-se de sete cadernos soltos, abertos com

Wesley Duke Lee

reproduções de "anjos-íncubos" por ele criados em Paris em 1958, recortados e colados artesanalmente. A apresentadora da obra, Dora Ferreira da Silva, viu tal complementaridade da expressão visual e literária, que chamou autora e ilustrador de "dois poetas".

Wesley trouxe suas fotografias para *Anulação e Outros Reparos*, de Bruno Tolentino (p. 77), mas o projeto gráfico e capa são de TIDE HELLMEISTER (1942-2008), que nessa primeira fase da editora prestou seu trabalho de designer em projetos mais simples, como *O Negro e a Música*, de Eduardo Vidossich (p. 161), até outros mais elaborados, como o catálogo *Cinema Britânico* (p. 159) e o livro de poemas *Antecipação*, de Ida Laura. Também assumiu *O Espelho e a Janela*, contos de Julita Scarano (p. 97), a peça teatral de Lauro Cesar Muniz *O Santo Milagroso* (p. 155), os livros de poesia *A Pedra na Mão*, de Otoniel Santos Pereira (p. 78) e *O Labirinto*, de Maria José Giglio (p. 96), e a narração bíblica *O Tanque de Betesda*, de Jane Arduino Perticarati.

Em 1976, na segunda fase da editora, voltou para fazer a arte de *Abra os Olhos & Diga Ah*, de Roberto Piva (p. 66) e *O Equilíbrio das Pedras*, de Maria da Graça Brotto. Mais tarde, em 1984, teve nova associação com Massao em *O Catador de Ventos*, de Henrique Zilbovicius, e possivelmente a última, em 1995, em *De Perecer*, de Oliver Quinto.

Tide Hellmeister, então nos seus vinte anos, tinha sido aluno de João Suzuki e, estimulado por Wesley e Cyro del Nero, demonstrou ousadia e qualidades pelas quais viria a se consagrar mestre na colagem e um dos designers brasileiros mais inovadores da segunda metade do século XX. Trabalhou para editoras, produtoras de discos, televisão e publicidade; na imprensa, como diagramador, ilustrador e diretor de arte, ligou-se à renovação gráfica de jornais e revistas.

Outros interesses, que desviaram o jovem Massao do destino profissional da odontologia, levaram-no com certeza a frequentar os salões de arte dos pintores nipo-brasileiros no Bairro da Liberdade, organizados pelo Grupo Seibi-kai a partir de 1952. Por lá, além de encontrar um de seus primeiros parceiros, João Suzuki, podia cruzar com os veteranos Yoshiya Takaoka, Yuji Tamaki e Tomo Handa, com o grupo que a eles se uniu no pós-guerra, Manabu Mabe, Tomie Ohtake e Massao e Alina Okinaka, e com os emigrados mais recentes, Tomoshige Kusuno, Kazuo Wakabayashi e Yutaka Toyota. Todos eles, em algum momento, estariam presentes em suas edições.

O primeiro foi MANABU MABE (1924-1997), no quinto volume da Coleção dos Novíssimos, *A Estrela Descalça*, de Lília A. Pereira da Silva (p. 44), trazendo para capa e ilustrações grafismos de caráter bastante oriental, ideogramas de sua criação, usados também na obra que iniciou os Clássicos Orientais, *Rashomon e Outros Contos*, de Ryunosuke Akutagawa, em *O Livro dos Hai-Kais*, organizado por Olga Savary (p. 142).

Mabe vivia naquele momento um ponto alto de sua carreira, tendo rapidamente ascendido do figurativismo para a abstração informal, que, em 1959, lhe valeu o Prêmio de Melhor Pintor Nacional na V Bienal de São Paulo e o Prêmio Governador do Estado no Salão Paulista de Arte Moderna, além de exposições em Dallas e Paris.

A abstração lhe abriu um repertório inesgotável de formas que ele explorou com domínio e sensibilidade para a cor e a matéria. A "música das esferas", de que falava Kandinsky com referência a essa tendência lírica, encontrou nele um executante fiel e privilegiado, referência dessa escola na arte brasileira.

No grupo dos nipo-brasileiros, iria ganhar igual importância a pintura de TOMIE OHTAKE (1913-2015), cujas composições, em sentido oposto à dinâmica gestual de Mabe, seguem sutilezas tonais e alcançam inesperadas soluções de equilíbrio. O resultado de cada obra é pura harmonia, inventada e organizada. Como exemplo, temos as obras reproduzidas em *Poemas Malditos, Gozosos e Devotos*, de Hilda Hilst (p. 128) e *Magma*, de Olga Savary (p. 218).

Manabu Mabe

Alina e Massao Okinaka – Perenidade e Vida foi um catálogo publicado por Massao sobre esse casal de artistas, que se destacou pela prática e divulgação de formas tradicionais da pintura japonesa, como o sumi-ê. Obras de MASSAO OKINAKA (1913-2000) ilustraram *Improviso para Silêncio e Sopro*, de Sérgio Rojas, *Livro de Hai-Kais*, de Marien Calixte, e *Antologia do Haicai Latino-Americano* (p. 147). De ALINA OKINAKA (1920-1991) é a capa de *Testamento Insensato*, de Aurora Duarte (p. 169)

KAZUO WAKABAYASHI (1931) é recorrente na predileção de Massao e suas obras usadas em pelo menos catorze de suas edições. Esse artista chegou ao Brasil em 1961, trazendo do Japão formação em pintura e desenho. Seus trabalhos em técnica mista não desmentem as origens e atraem pelo desenho elaborado e riqueza de texturas, como se pode ver em *Linha d'Água* e *Retratos*, de Olga Savary (p. 221), *Almas Minhas Inquietas* e *Elegíadas* de Leila Echaime (p. 240), e *Sobre a Tua Grande Face*, de Hilda Hilst (p. 127).

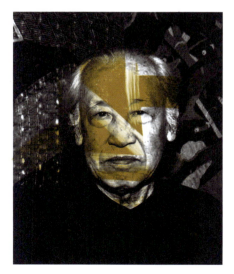

Kazuo Wakabayashi

INTRODUÇÃO

Ancargelo Ianelli

Outro artista predileto é ARCANGELO IANELLI (1922-2009). Dele Massao reproduziu mais de vinte obras em capas de suas edições, algumas até repetidas, como *Composição em Vermelho*, que está nas capa de *Poemas do Encantado* de Leila Echaime, e de *Planagem*, de Beatriz Helena Ramos Amaral (pp. 238 e 239), e *Sinfonia em Azul*, que está em *Memorial do Tietê*, de Stella Leonardos, e em *Cantares do Sem Nome e de Partidas*, de Hilda Hilst (p. 129). Ianelli fez uma trajetória muito pessoal da figuração à abstração, passando por um grafismo mais livre, depois geométrico, para chegar à questão principal da cor, suas nuances e vibrações. Obras dessa última fase figuram em *Gabriel*, de Eunice Arruda (p. 46), *Paisagem Doméstica*, de Carlos Vogt (p. 87), e *Do Amor*, de Hilda Hilst (p. 130).

Devem ser mencionados dois artistas da mesma geração de Ianelli, porém fiéis à figuração. DARCY PENTEADO (1926-1987), que trouxe o seu delicado desenho para *Flauta Silente*, de Leila Echaime (p. 241), *Colar de Maravilhas*, de Miriam Paglia Costa, *O Silêncio da Flauta*, de Juvenal Neto e *Porto das Damas*, de Franz Rulli Costa, e ALDEMIR MARTINS (1922-2006), que prestou seu requinte gráfico para a edição de *Cânticos da Terra*, de Lupe Cotrim Garaude (p. 116), e voltou para ilustrar *Taça da Noite*, de Marina Tricânico, *Infância na Granja*, de Livio Xavier (p. 173) e *Sumidouro*, de Olga Savary (p. 219).

Da nova geração, SELMA DAFFRÉ (1951) foi colaboradora de Massao em onze títulos. Formada na FAAP, aprofundou estudos de gravura e aquarela e faz experiências de combinações técnicas com resultados surpreendentes no tratamento do desenho e da cor, como se vê nas cologravuras para *Pequenos Cantos do Fraterno*, de Leila Echaime (p. 243), e *Através dos Sertões*, de Paulo Dantas. Gravuras são escolhidas para *Ausência*, de José K. Fakhoury, *Alguma Andança*, de Roberto Leonardos, e *Ainda É Noite*, de Aluysio Mendonça Sampaio. A aquarela, preferida para *& Cone de Sombras*, de Gilberto Mendonça Teles (p. 216), e *Doces Rios do Medo*, de Miriam Portela. Composições a óleo ilustram *Voo na Miragem*, de Paulo Klein, *Abismo com Violinos*, de Afonso Henriques Neto (p. 233), e *Antevéspera do Anjo*, de Márcio Tavares D'Amaral.

Selma Dafrré

Cabe menção a outros ilustradores frequentes nas edições de Massao: Clóvis Graciano, Fernando Fernandes, Carlos Bracher, Marjorie Sonnenschein e Siron Franco. Sem esquecer suas preferências por artistas estrangeiros, onde Henri Matisse está largamente à frente, seguido por Gustav Klint, Joan Miró e Picasso.

Que critérios determinaram a escolha das obras desses artistas? Com certeza houve casos em que o artista leu a obra e fez sua interpretação visual do tema ou de imagens sugeridas. Mas não é a regra. Na maioria dos casos é uma decisão do designer ou do editor que assume ou compartilha esse papel com o autor. E em se tratando de ilustração não figurativa, sem conotação direta com o conteúdo, a criação gráfica propõe seu próprio jogo poético. Na medida da adequação e harmonia alcançadas, ilustração, texto, formato, fonte escolhida e até o papel são esteticamente potencializados. Nesse ponto entra a sensibilidade do editor.

Quem poderia pensar nos desenhos de Mira Schendel para ilustrar *Cemitério Marinho*, de Paul Valéry (p. 256)? Massao o fez, percebendo "a tentativa de imortalizar o fugaz, de dar sentido ao efêmero" nos papéis da artista. O mesmo empenho do poeta que escreveu: "Oh, para mim, somente a mim, em mim / Junto ao peito, nas fontes do poema / Entre o vazio e o puro acontecer / De minha interna grandeza o eco espero".

Se a catalogação e a documentação empreendidas servirem para despertar interesse pelo grande espectro literário aberto por Massao e pela arte de seus designers, sentirei não ter desmerecido a tarefa, na qual ele generosamente confiou.

Tide Hellmeister em ação, 1961. Foto: Cyro del Nero.

AS PRIMEIRAS EDIÇÕES

OS PRIMEIROS LIVROS editados por Massao Ohno lhe chegaram em 1959, trazidos por Alexis Pomerantzeff, que organizava a Coleção Poesia do Tempo Moderno, e, depois, a Coleção Poesia Atual. Frequentador do Museu de Arte Moderna, da Biblioteca Municipal e de outros pontos de encontro, Alexis andava sondando poetas, e conseguiu atrair autores de diferentes estratos.

Pela numeração das obras, conclui-se que Massao não foi seu editor exclusivo. Era apenas trabalho de impressão nos intervalos da produção de apostilas para cursinho, seu negócio na época. Todas as edições são graficamente bastante simples, apenas uma cor; algumas com capas desenhadas por FERNANDO ODRIOZOLA (1921-1986).

Esse artista espanhol já tinha assentada sua vocação quando chegou ao Brasil em em 1953. Fez a primeira individual no ano seguinte, e, em 1955, outra no Museu de Arte Moderna, prenunciando sua brilhante carreira de pintor, desenhista e gravador. *Poemas no Espelho*, de sua mulher Raulita Odriozola, foi uma das edições de 1959.

Entre os outros editados por Massao nesse ano, estavam *Canções do Silêncio*, de A. Garcia Pereira, *Impressões*, de Alexis Pomerantzeff, *Pássaro na Gaveta*, de Roberto Schwarz, *Cartas a Dansarina*, de Sergio Milliet, e *Medo*, de Helena Calil.

No ano seguinte continuou com *Poesias*, de Carlos Henrique de Escobar, e *Crônicas da Noite*, de Ruy Apocalipse.

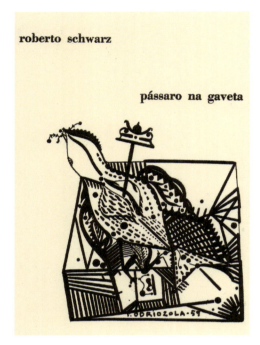
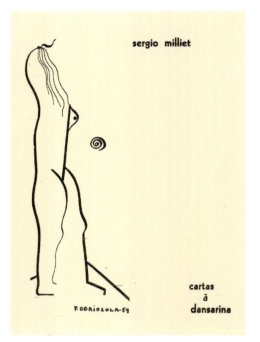

AUTOR Roberto Schwarz
TÍTULO *Pássaro na Gaveta*
CAPA Fernando Odriozola
COLEÇÃO Poesia Atual n. 17
   Orientada por Alexis Pomerantzeff
FORMATO 24 × 17 cm, 52 p.
ANO 1959

AUTOR Sergio Milliet
TÍTULO *Cartas à Dansarina*
CAPA Fernando Odriozola
COLEÇÃO Poesia Atual n. 15
   Orientada por Alexis Pomerantzeff
FORMATO 21,5 × 16 cm, 54 p.
ANO 1959

No livro de Roberto Schwartz está inserido como ilustração um *cadavre exquis* a três mãos, de Mário Neme, Lourival Gomes Machado e Sergio Milliet.

Além da inspiração surrealista que o editor talvez sentisse combinar com a poesia, era um sinal de convivência e apoio aos novos, atitude a que especialmente SERGIO MILLIET (1898-1966) esteve sempre predisposto, como confirma sua presença – a de um modernista histórico e influente crítico desse período – entre esses estreantes.

Foi dele também o registro (*O Estado de S. Paulo*, 11.10.1959) do lançamento desses autores, que englobou com o título de "Os Novíssimos", encampado depois por Massao para a sua coleção. A atenção de Sergio Milliet se estendeu ainda na abertura do saguão da Biblioteca Municipal de São Paulo para uma Exposição dos Poetas Novíssimos, em 8 de fevereiro de 1960, organizada por Reinaldo Castro, Joel Câmara e Helena Calil.

Ilustração incluída em *Pássaro na Gaveta: Cadavre exquis* a três mãos, de Mário Neme, Lourival Gomes Machado e Sergio Milliet.

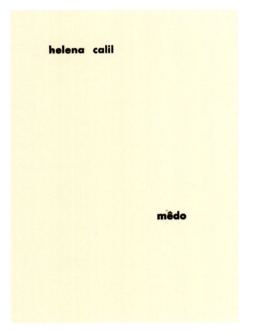

AUTOR Helena Calil
TÍTULO *Mêdo*
COLEÇÃO Poesia do Tempo Moderno
   Orientada por Alexis Pomerantzeff
FORMATO 23,5 × 16 cm, 36 p.
ANO Novembro, 1959

AUTOR Alexis Pomerantzeff
TÍTULO *Impressões*
COLEÇÃO Poesia Atual n. 18
FORMATO 24 × 16,5 cm, 52 p.
ANO 1959

Desse grupo apenas Maria Raulita Guerra Odriozola (com nome completo) voltou a ser editada por Massao em 1979: *Livro de Amor*.

Alexis Pomerantzeff continuou em atividade, sendo o editor de *O Sermão do Viaduto* (1965), de Álvaro Alves de Faria, e publicando na França, em 1969, uma *Anthologie des Jeunes Poètes Brésiliens*, com seleção e tradução suas.

RUY APOCALIPSE (1934-1967), vindo de Ouro Fino, sul de Minas, tinha publicado *Papoula dos Sete Reinos* (1954) e *Realejo de Minas* (1956). *Crônicas da Noite* foi seu último livro. Deixou inédito *Rebanho Perdido*. Paulo Bomfim, seu amigo e protetor, relembra essa personalidade baudelairiana, cuja "poesia era mais embriagadora do que o álcool que bebeu": "Foi irmão dos mendigos, das prostitutas e dos artistas. Reinava pelas madrugadas onde arrastava o manto de uma realeza astral e se tornava violento quando contrariado. Uns dizem que um automóvel o matou; outros, que foi visto entrando pela neblina com pirilampos brilhando em suas asas".

Dois outros estreantes, ROBERTO SCHWARZ (1938) e CARLOS HENRIQUE DE ESCOBAR (1933), tiveram futuro reconhecimento como provocativos *scholars*:

Schwarz publicou um segundo livro de poemas, *Corações Veteranos*, em 1974, sendo incluído na antologia de Heloisa Buarque de Hollanda *26 Poetas Hoje* (1975). Assentou sua carreira de professor de Teoria Literária nas Universidades de São Paulo e de Campinas, e desenvolveu originais estudos críticos sobre Machado de Assis, como *Ao Vencedor as Batatas* e *Um Mestre na Periferia do Capitalismo*.

Escobar manteve projetos no campo da poesia e da dramaturgia, em que se iniciou com a peça *Antígone América*, seguida de *Matei Minha Mulher*, *Ana Clitemnestra* e *Caixa de Cimento*. Seus interesses se estenderam para as áreas de filosofia e ciência política, atuando como professor da Universidade Federal do Rio de Janeiro e da Universidade Federal Fluminense.

AUTOR Ruy Apocalipse
TÍTULO *Crônicas da Noite*
COLEÇÃO Poesia Atual n. 22
 Orientada por Alexis Pomerantzeff
FORMATO 24 × 17 cm, 36 p.
ANO s/d (1960)

AUTOR Carlos Henrique de Escobar
TÍTULO *Poesias*
COLEÇÃO Poesia Atual n. 20
 Orientada por Alexis Pomerantzeff
FORMATO 24 × 17 cm, 56 p.
ANO 1960

II OS NOVÍSSIMOS E A GERAÇÃO 1960

ENTRE OS TRINTA AUTORES reunidos por Álvaro Alves de Faria e Carlos Felipe Moisés na *Antologia Poética da Geração 60* (2000), dezenove tiveram sua estreia em edições de Massao Ohno; e outros quatro, obras posteriores por ele editadas. Dez deles retornariam para novas publicações, totalizando 39 obras desses autores, que são aqui registradas e documentadas com imagens de capa.

Havia razão, portanto, para os organizadores concluírem sua apresentação com este lembrete: "No mais, esta antologia pretende ser, também, uma homenagem a Massao Ohno, o editor e o amigo, sem o qual a história da Geração 60, em São Paulo, seria substancialmente outra". Outra seria também a história do editor sem essa ligação, que identificou sua marca e consolidou sua política de autores – referências que o acompanharam por mais de quarenta anos.

Sua primeira experiência, imprimindo coleções de poetas para terceiros, deve ter sido o estímulo para

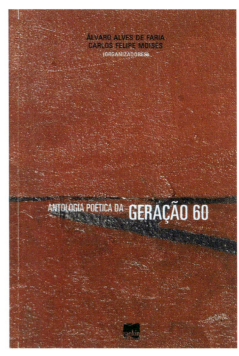

Capa da *Antologia Poética da Geração 60*.
Ilustração de Fernando Vilela

lançar sua própria Coleção dos Novíssimos – nomenclatura indicativa de autores iniciantes, inéditos. A distribuição seria garantida por assinantes, cujo número ele pretendia ampliar além dos poetas e amigos que compareceram ao Teatro de Arena na noite de autógrafos para lançamento dos primeiros volumes. O sistema não prosperou por falta de logística apropriada, mas ele continuou apostando em potenciais, com acertos e erros, como era de se esperar.

Se tomarmos em conta o desdobramento das carreiras dos autores lançados nos anos 1960, o saldo é positivo e relevante. Carlos Felipe Moisés anotou retrospectivamente que "a maioria desses poetas persistiu para além da efervescência de seu tempo de iniciação. São quatro décadas de atividade de uma geração *sui generis,* que desde o começo apostou na heterogeneidade, na individualidade de cada um e abriu mão do corporativismo – sabendo ou não que, assim, seu lugar na história seria não ter lugar na história".

Naquele momento, muitos jovens ensaiavam uma dicção própria, evidentemente com influências assimiladas no cruzamento de gerações, quando, na poesia, seguindo o diagrama proposto por Pedro Lyra, confluíam, entre 1954 e 1964, a confirmação da geração modernista, a vigência da Geração 45 e a estreia da Geração 60.

Em 1958, Mário da Silva Brito tinha publicado a primeira pesquisa de maior fôlego sobre a história do Modernismo: *Antecedentes da Semana de Arte Moderna,* lançando, no ano seguinte, a antologia *Panorama da Poesia Brasileira: O Modernismo,* que ia de Mário de Andrade a Vinicius de Moraes, ocupada por 35 autores, dos quais apenas sete falecidos. Estas obras foram recebidas como revelação para novos leitores, sem acesso a edições originais e parcas reedições. Antes, em 1952, Sérgio Milliet já havia descortinado seu *Panorama da Moderna Poesia Brasileira,* estudo crítico que avança até 1950, arrolando representantes da Geração 45.

Essa geração, que marcou presença no I Congresso Brasileiro de Poesia em 1948, influenciada por uma linhagem de poetas divulgados no pós-guerra, queria retomar o que considerava os autênticos valores modernistas, desviando-se das correntes "versolibristas", nacionalistas e humorísticas, e recuperar o artesanato de formas poéticas, como o soneto e a ode, na busca de sentidos universais.

Dentro dela se armou outro movimento. Décio Pignatari e Haroldo de Campos haviam publicado os seus primeiros livros no Clube de Poesia, reduto da Geração 45, mas caíram fora para lançar em 1958, com Augusto de Campos, o Plano Piloto da Poesia Concreta, buscando "uma arte geral da palavra, o poema-produto: objeto útil".

Jovens autores reunidos nas oficinas da Massao Ohno Editora. Da esquerda para a direita: Otávio Silva Filho, Humberto Kinjô, Lea Mott, Claudio Willer, Decio Bar, Roberto Piva, Paulo Celso, Eduardo Alves da Costa e Carlos Felipe Moisés.

Foto usada na capa de *Os Dentes da Memória* (da esquerda para a direita): Argus Machado, Sergio Lima, Regastein Rocha, Antônio Fernando de Franceschi, Decio Bar, Claudio Willer, Roberto Piva e Luiz Fernando Pupo.

Cena do filme *Massao Ohno –
Poesia Presente*, de Paola Prestes.

Além do cenário literário, há o cenário político. Depois dos "anos dourados", quando a ousadia dos projetos de Juscelino Kubischeck e as esperanças acenadas empanavam as contradições e alimentavam a utopia de uma próspera etapa histórica, descobriam-se, como se o País acordasse de um sonho, inúmeras mazelas, e vislumbrava-se um caminho rápido – uma nova utopia – de acabar com elas e repartir a prosperidade entre todos. A Guerra do Vietnã e a Revolução Cubana, como imagens de fundo, exacerbam o nacionalismo contra o sistema capitalista. A ordem, então, é desalienar-se, participar, engajar-se no novo projeto.

A resposta a esse apelo no âmbito literário foi a publicação das antologias *Violão de Rua*, organizadas com o objetivo declarado de "divulgar poetas que usam os seus instrumentos de trabalho para participar, de modo mais direto, nas lutas em que ora se empenha o povo brasileiro, revolucionariamente voltado para as exigências de um mundo melhor e mais humano".

O discurso janguista amedrontou a burguesia, desequilibrou a hierarquia militar e desafiou os Estados Unidos com os acenos simpáticos aos comunistas. Combinação que estimulou um golpe contra o "socialismo alienígena" em 1º de março de 1964. Esse foi o desfecho de uma luta por reformas sociais, que se expressava no nacionalismo desenvolvimentista, tendo como base política a democracia populista, que pretendia conciliar os interesses da industrialização com benefícios sociais à classe média e ao proletariado.

Para as mentes em formação, ainda que os fatos, os movimentos e o pensamento dessa transição não se apresentassem com coerência e clareza, a fermentação ideológica lhes chegava por meio de conferências, livros, jornais, revistas, e se reproduzia em conversas e debates. Dela não se eximiram os jovens poetas. "Porque acreditam numa nova ordenação das coisas" – explica o prefaciador da *Antologia dos Novíssimos*, José Mariano Carneiro da Cunha. "Porque rejeitam incondicionalmente os falsos conhecimentos e as meias-verdades burguesmente deglutidas e lançadas em suas faces desde a mais tenra idade."

Mas não foram atraídos para a poesia engajada de sentido estritamente político. Também não aderiram ao formalismo da Geração 45 nem à vanguarda concretista. Colhem suas primeiras preferências num espectro que inclui modernos brasileiros e portugueses, os europeus T. S. Eliot e Rilke, o surrealismo e a poesia americana da *beat generation*. Como resultado, elocuções poéticas de diferentes intenções e tonalidades, que, dependendo do autor, podiam ser intimistas e confessionais, litúrgicas, catequéticas, contemplativas e até imprecatórias.

Claudio Willer sintetiza a posição desses poetas: "De diferentes modos, dos recitais como afirmação de valores poéticos até a crítica radical à burguesia, de inspiração ao mesmo tempo ou alternativamente neorromântica e marxista, buscavam sua inserção na vida da metrópole. Sua perspectiva, conforme o autor ou o grupo, podia ser reformista ou revolucionária, enxergando a criação literária como meio para melhorar a sociedade e, ao mesmo tempo, nela construir uma carreira literária, ou para negá-la, adotando uma postura marginal precursora da contracultura que viria logo a seguir".

A história da Geração 60 em São Paulo, dos grupos que se formaram, das manifestações, dos espaços e das características literárias e comportamentais tem recebido atenção no âmbito jornalístico, do ensaio e da pesquisa acadêmica. Soma-se a memória dos remanescentes, que deu tema para o filme de Ugo Giorgetti *Uma Outra Cidade* (2000), para o livro *Os Dentes da Memória*, de Camila Hungria e Renata D'Elia (2011), e para o filme *Massao Ohno – Poesia Presente*, de Paola Prestes (2015), rodado em parte quando Massao era vivo.

COLEÇÃO DOS NOVÍSSIMOS

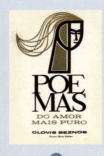
1

2

3

4

5

6

7

8

9

10

11

12

13

13*

1 *Poemas do Amor Mais Puro*, de Clovis Beznos
2 *Os Rumos*, de João Ricardo Penteado
3 *É Tempo de Noite*, de Eunice Arruda
4 *Fátima e o Velho – Post Mortem*, de Eduardo Alves da Costa
5 *Estrela Descalça*, de Lilia A. Pereira da Silva
6 *A Poliflauta de Bartolo*, de Carlos Felipe Moisés
7 *Revolução na América do Sul*, de Augusto Boal
8 *Lamentações de Fevereiro*, de Paulo del Greco
9 *Antologia dos Novíssimos*
10 *Apague Meu Spotlight*, de Jocy de Oliveira
11 *Treze Mulheres Azuis*, de Lea Mott
12 *Os Póstumos e as Profecias*, de Lindolf Bell
13 *Paranoia*, de Roberto Piva
13* *O Embaixador do Vento*, de Mamede Coelho
*Repetido

CLOVIS BEZNOS (1939), que iniciava a Coleção dos Novíssimos, vinha de experiências como ator de teatro. A primeira com Flávio Rangel, no Colégio Bandeirantes, seguindo em *A Incubadeira*, de José Celso Martinez Correa, direção de Amir Haddad, no Teatro Oficina, em *Golden Boy*, com o mesmo diretor, que inaugurou o Teatro Taib, e em *Sonho de Uma Noite de Verão*, direção de Sérgio Cardoso, que inaugurou o Teatro da Hebraica.

Depois de sua estreia com *Poemas do Amor mais Puro* e da participação na *Antologia dos Novíssimos*, voltaria apenas em 1973 com *Outros Poemas*. Retomando sua atividade como editor nessa época, Massao deu especial atenção à obra, combinando o formato com um trabalho de Jesus Sotto na contracapa, e ilustrando-o com desenhos de Flávio de Carvalho feitos especialmente para o livro, sendo dos últimos que ele produziu.

A carreira jurídica abraçada por Clovis não o afastou da poética, manifestada como letrista em canções de Elton Medeiros, Chico Saraiva e outros.

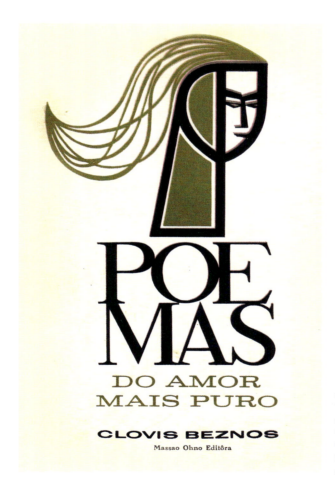

AUTOR Clovis Beznos
TÍTULO *Poemas do Amor mais Puro*
APRESENTAÇÃO Lilia A. Pereira da Silva
CAPA E ILUSTRAÇÕES Acácio Assunção
COLEÇÃO Novíssimos, n. 1
FORMATO 14 × 21,5 cm, 52 p.
ANO Agosto, 1960

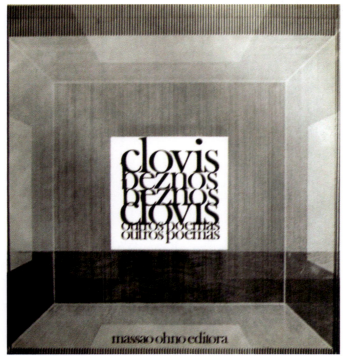

AUTOR Clovis Beznos
TÍTULO *Outros Poemas*
APRESENTAÇÃO Massao Ohno
CAPA Planejada sobre trabalho de Jesus Soto
ILUSTRAÇÕES Flávio de Carvalho
FORMATO 31 × 29 cm, 48 p.
ANO 1973

JOÃO RICARDO PENTEADO (1939) frequentava as reuniões de música e poesia na Associação Cristã de Moços, e nesse contato com outros jovens poetas chegou a Massao Ohno para sua estreia com *Os Rumos*. Foi também incluído na *Antologia dos Novíssimos*, mas não deu continuidade a essa iniciação poética.

Teve uma longa carreira jornalística, passando pela *Folha de S. Paulo*, Suplemento Feminino de *O Estado*, revistas *Visão*, *Veja* e TV Cultura, onde se aposentou. Escreveu *Voar* (2001), um livro sobre os primeiros aviadores brasileiros.

AUTOR João Ricardo Penteado
TÍTULO *Os Rumos*
APRESENTAÇÃO Lilia A. Pereira da Silva
CAPA E ILUSTRAÇÕES Acácio Assunção
COLEÇÃO Novíssimos, n. 2
FORMATO 14 × 21,5 cm, 50 p.
ANO Agosto, 1960

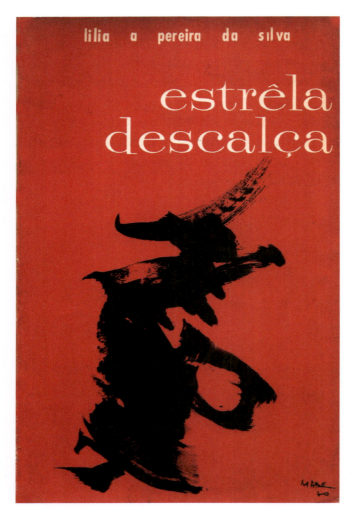

autor Lilia A. Pereira da Silva
título *Estrela Descalça*
capa e ilustrações Manabu Mabe
coleção Novíssimos, n. 5
formato 14 × 21,5 cm, 47 p.
ano Outubro, 1960

LILIA APARECIDA PEREIRA DA SILVA (1926) não era autora inédita quando da publicação de *Estrela Descalça*. Havia publicado *Reflexos* (poesia) e os romances *Pamela* e *Almas de Barro*, na trilha de Françoise Sagan, cujo romance *Bom Dia, Tristeza* era grande sucesso. Sua atividade literária teve continuidade com numerosa produção em vários gêneros, atuando também nas artes plásticas como pintora e ilustradora no *Diário de S. Paulo*. Manteve-se sempre ligada à sua cidade natal, Itapira, SP, onde desenvolveu ações de incentivo a novos talentos artísticos.

Estrela Descalça foi premiada pela Câmara Brasileira do Livro, e marca a primeira colaboração de Manabu Mabe com Massao.

"Estamos novamente na Rua Vergueiro. Onde tudo começou. Na Rua Vergueiro, 688. Jovens poetas chegando. O acaso conduzindo os passos. No fundo da sala. Em sua mesa de trabalho. Rodeado de papéis e livros. Em silêncio. Eis o Massao Ohno. Como se, já há muito tempo, estivesse sempre nos esperando."

EUNICE ARRUDA (1939-2017) assim relembrou em seu depoimento na homenagem a Massao, no Centro Cultural São Paulo, em setembro de 2010.

Ela havia iniciado apresentando poemas no programa *Poesia no Ar*, da Rádio Gazeta, comandado por Fernandes Soares, mas sentiu-se mais integrada no grupo que encontrou em Massao um ponto de referência e, por consequência, o editor de seu livro de estreia *É Tempo de Noite*.

AUTOR Eunice Arruda
TÍTULO *É Tempo de Noite*
APRESENTAÇÃO Paulo Bomfim
CAPA E ILUSTRAÇÕES João Suzuki
COLEÇÃO Novíssimos, n. 3
FORMATO 14 × 21,5 cm, 64 p.
ANO Setembro, 1960

Só viria a ser reeditada por ele trinta anos depois. *Gabriel:* era um pequeno volume, a que não faltou a boa escolha de obra de Ianelli para a capa. Mas Eunice sempre permaneceu por perto, acompanhando movimentos do editor e de seus poetas, como o espetáculo *Poetas na Praça, a Feira de Poesia*, em 1976, quando lançou *As Pessoas, as Palavras*, na organização da antologia *Mãeternidade* e na coordenação dos ciclos Poesia 97 e Tempo de Poesia.

A produção de Eunice Arruda se estende por uma dezena de coletâneas, enfeixadas, em 2012, em *Poesia Reunida*.

Relevante, e tão multiplicador quanto discreto, foi seu trabalho de estímulo e revelação de talentos por meio de Oficinas Literárias, que ministrou para inúmeros grupos a partir de 1984. Essa tarefa certamente a transportava a seus momentos de iniciação, os encontros na Rua Vergueiro, que ela evocou com emoção: "Sinto que Massao Ohno permanece. No fundo de alguma sala. Em sua mesa de trabalho. Rodeado de papéis e livros. Em silêncio. Eternamente. Esperando que os poetas retornem. Ao que foi início. Paixão".

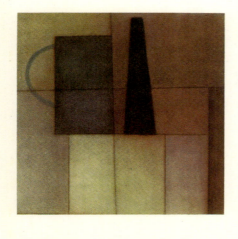

AUTOR Eunice Arruda
TÍTULO *Gabriel:*
CAPA Óleo de Arcangelo Ianelli
ILUSTRAÇÕES Alice Bay Laurel in *Living in the Earth*
FORMATO 11 × 20 cm, 56 p.
ANO 1990

PAULO MARCOS DEL GRECO (1932-2018) iniciou sua atividade literária em Campinas, como organizador e palestrante dos cursos de literatura no Centro de Ciências, Letras e Artes. Vindo para São Paulo, aproximou-se do movimento poético que circulava em torno de Massao e foi um dos escolhidos para a Coleção dos Novíssimos com *Lamentações de Fevereiro*, sua única obra publicada. Tradutor de T. S. Eliot (*Burnt Norton*). Dedicado à carreira pública, continou ligado ao grupo e escreveu prefácios para obras de seus parceiros.

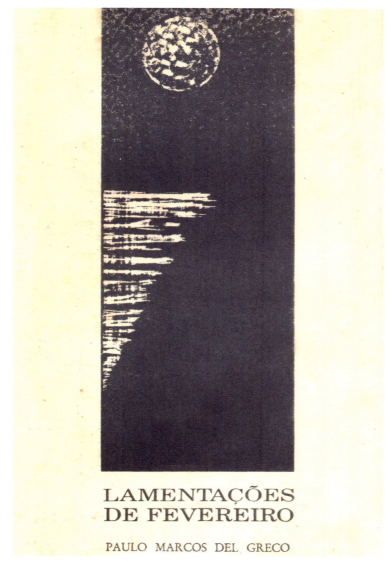

AUTOR Paulo Marcos del Greco
TÍTULO *Lamentações de Fevereiro*
APRESENTAÇÃO João Carlos Quartim de Moraes
CAPA E ILUSTRAÇÕES Acácio Assunção
COLEÇÃO Novíssimos, n. 8
FORMATO 21 × 14 cm, 34 p.
ANO 1960

O fluminense EDUARDO ALVES DA COSTA (1936) estava em São Paulo cursando Direito e frequentando pontos da jovem intelectualidade, como as "Noites de Poesia" do Teatro de Arena e a oficina de Massao, com quem estabeleceu uma relação muito próxima: "Sempre dedicou toda atenção aos jovens autores, agrupados ao seu redor, tratando-os com o respeito e o carinho de um irmão mais velho, mais experiente. Ele nos incentivou, marcou nossa presença. Sem ele e sua modesta gráfica a maioria daqueles jovens teria ficado à deriva, desistido de seus sonhos".

Eduardo não desistiu. Publicou quatro livros de poesia, três de contos, cinco romances e cinco peças de teatro. O equívoco gerado pelo seu poema "No Caminho com Maiakóvski" ("Na primeira noite eles se aproximam / e roubam uma flor / do nosso jardim./ E não dizemos nada...") ajudou a chamar a atenção sobre sua poesia, mas ocultou sua obra. Mote de protesto contra a ditadura militar de 1964, cujos primeiros versos eram imediatamente reconhecidos, foi atribuído ao próprio poeta russo, como se fosse tradução.

Em 1982, Massao ratificou sua autoria publicando um pôster com fragmento desse poema, ilustrado por Antonio Peticov. Eduardo não lhe cobrou direitos autorais, sendo alguns meses depois retribuído com a edição de *Salamargo*.

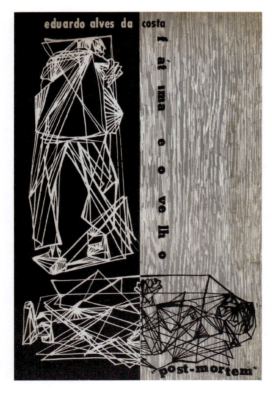

AUTOR Eduardo Alves da Costa
TÍTULO *Fátima e o Velho – Post Mortem*
APRESENTAÇÃO Roberto Piva
CAPA E ILUSTRAÇÕES João Suzuki
COLEÇÃO Novíssimos, vol. 4
FORMATO 14 × 21,5 cm, 54 p.
ANO Setembro, 1960

SALAMARGO
EDUARDO ALVES DA COSTA

AUTOR Eduardo Alves da Costa
TÍTULO *Salamargo*
CAPA E ILUSTRAÇÕES Guilherme de Faria
CONTRACAPA Apresentação dos editores
ORELHAS "Para que Serve a Poesia", do autor
COEDITORA M. Lydia Pires e Albuquerque
FORMATO 15 × 21,5 cm, 104 p.
ANO 1982

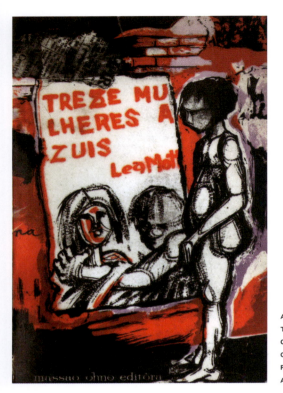

LEA MARIA DE BARROS MOTT (1939) publicou seu primeiro conto na *Antologia dos Novíssimos*. E tinha outros para mostrar, que foram a seguir reunidos por Massao em *Treze Mulheres Azuis*. Filha da conhecida e prolífica escritora Odete de Barros Mott, parecia destinada ao caminho familiar. Ainda seguiu nele por algum tempo, o que resultou em novos contos de *Oitenta e Cinco Mulheres* (Edição da Secretaria de Cultura do Estado de Goiás, s. d.). Ainda que promissora no gênero, sua trajetória literária parou por aí.

AUTOR Lea Mott
TÍTULO *Treze Mulheres Azuis*
CAPA E ILUSTRAÇÕES João Suzuki
COLEÇÃO Novíssimos, n. 11
FORMATO 21 × 14 cm, 52 p.
ANO Setembro, 1961

A Poliflauta de Bartolo foi a estreia de **CARLOS FELIPE MOISÉS** (1942-2017) e a primeira edição de Massao com a colaboração de Cyro del Nero, que, reproduziu na capa simplesmente uma superfície de madeira, criando o desenho, uma abstração. A volta se deu quase trinta anos depois com *Subsolo*, com design cuidado pelo próprio Massao, que recebeu o Prêmio da Associação Paulista de Críticos de Arte (APCA), reconhecimento da carreira consolidada do autor, com atuação na universidade, na imprensa e como tradutor.

Observador atento do panorama literário, não escapou a Carlos Felipe a importância de Massao para a geração que surgia nos anos 1960 e a posição singular que prosseguiu sustentando, sobre as quais deixou um testemunho afetivo. Autor e crítico, ele tinha, portanto, perfil qualificado para organizar com Álvaro Alves de Faria a *Antologia Poética da Geração 60* (2000).

Em entrevista ao site *Jornal de Poesia* lembrou: "Quase todos nós estreamos muito cedo, em plena adolescência, graças à generosidade de Massao Ohno e sua

Coleção dos Novíssimos, no início dos 60. [...] Creio que a contribuição fundamental desse grupo, que não é bem um grupo, reside justamente na diversidade e pluralidade de um contingente de poetas que, ao longo de mais de trinta anos, vem persistindo na criação incessante e na fidelidade ao espírito de origem, na medida do possível atualizado, sintonizado com as mudanças".

AUTOR Carlos Felipe Moisés
TÍTULO *A Poliflauta de Bartolo*
CAPA E ILUSTRAÇÕES Cyro del Nero
COLEÇÃO Novíssimos, n. 6
FORMATO 14 × 21 cm, 52 p.
ANO Outubro, 1960

De seu depoimento na homenagem a Massao Ohno, no Centro Cultural São Paulo, em setembro de 2010:

"Massao Ohno foi o último dos editores românticos.

"Caso ele tivesse interesse em definições, poderia ter parafraseado Fernando Pessoa, afirmando: 'Sobreviver não é necessário; o que é necessário é editar'. E editar, para ele, foi amar incondicionalmente os livros e respeitar, sem reservas, os rumos escolhidos pelos poetas que dele se acercaram. E nunca esperou nada em troca, salvo o discreto prazer de ajudar a dar forma visível a mais um livro. [...]

"Massao Ohno foi um artesão à moda antiga, paradoxalmente avançado para o seu tempo, cujas coordenadas, no ramo editorial, ele ajudou a delinear. Massao foi acima de tudo um artista gráfico, ciente de que o design por ele concebido, sempre virtualmente outro, a cada obra, deveria estar a serviço do livro em causa, brotando naturalmente dos versos que ele lia e amava, com a alma atenta, e não a serviço da arte do design, em si. Por isso, quando o livro saía de sua mesa de trabalho, bem definidos o formato, o papel, a tipologia, a capa, as ilustrações, a diagramação e tudo o mais, era como se sua tarefa estivesse inteiramente cumprida. Dali por diante, não era mais com ele.

"Massao nunca escondeu certo olímpico desinteresse pelo destino que 'seus' livros pudessem percorrer, depois que saíssem da gráfica, produzidos em série, para ingressar na banalidade do mundo dos negócios, em que livros também são objetos de compra e venda.

"Por essa razão, seu legado não pode ser reduzido à quantificação de um mero acervo, pois ocupa um espaço bem mais amplo e valioso, na memória e no espírito da quantidade de artistas gráficos, capistas, ilustradores e editores que ele ajudou a formar, com a ciência do verdadeiro mestre, que conhece melhor do que ninguém a lição: melhor do que ensinar é ensinar a aprender.

"Comecei com Fernando Pessoa, e concluo no mesmo diapasão. Diz o poeta dos heterônimos: 'Ninguém atribui importância ao que produz. Quem não produz é que admira a produção'. Não sei de melhor definição do que essa para almas românticas como a de Massao Ohno.

"Por isso, seu legado revive também na consciência dos poetas por ele editados, que aprenderam, através do exemplo do Mestre, a amar e a respeitar sua própria arte, alheios à trivialidade das recompensas mundanas. Lição de carinho, respeito, empatia, insatisfação benigna, renúncia. E valorização da criação, acima de tudo. Lição de arte, lição de vida".

AUTOR Carlos Felipe Moisés
TÍTULO *Subsolo*
CAPA Massao Ohno sobre tela de Delima Medeiros
ORELHAS Apresentação de Paulo Marcos del Greco
FORMATO 14 × 21 cm, 88 p.
ANO 1989

Experimentais em sentidos opostos, os dois textos de teatro editados na Coleção dos Novíssimos eram a estreia dos autores em publicação, coincidindo com estreia nos palcos.

Os dois projetos gráficos são de Acácio Assunção, que, em *Apague Meu Spotlight,* a partir da capa inseriu ilustrações de caráter geométrico com sugestivas variações sobre equipamentos e instalações elétricas de cena. Para *Revolução na América do Sul,* preferiu reproduzir internamente fotos que documentam o estilo e os participantes da montagem no Teatro de Arena.

Apague Meu Spotlight, de JOCY DE OLIVEIRA (1936), servia como roteiro de imagens e sons para a música eletrônica composta por Luciano Berio e assistência da autora. Ganhou montagem em 1961 no Theatro Municipal de São Paulo, com o elenco do Teatro dos Sete, liderado por Fernanda Montenegro, Ítalo Rossi e Sérgio Britto, sob direção de Gianni Ratto. A novidade desse drama eletrônico não convenceu a crítica e nem conquistou o público. O que não obstou a longa carreira da autora, mais conhecida como Jocy de Carvalho, como pianista e compositora de óperas, obras para orquestra e câmara.

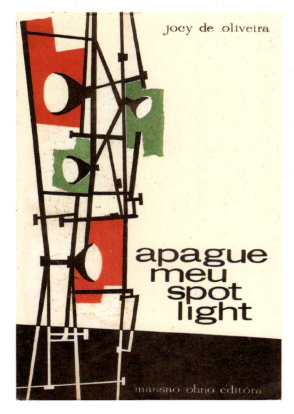

AUTOR Jocy de Oliveira
TÍTULO *Apague Meu Spotlight*
CAPA E ILUSTRAÇÕES Acácio Assunção
COLEÇÃO Novíssimos, n. 10
FORMATO 14 × 21 cm, 60 p.
ANO 1961

autor Augusto Boal
título *Revolução na América do Sul*
capa Acácio Assunção
ilustrações Nove fotos da encenação pelo Teatro de Arena
coleção Novíssimos, n. 7
formato 14,5 × 21,5 cm, 108 p.
ano 1960

AUGUSTO BOAL (1931-2009) tinha se ligado ao elenco do Teatro de Arena, depois de estágio nos Estados Unidos. O grupo se iniciara com José Renato e colegas, vindos do Escola de Arte Dramática, ao qual se juntaram Gianfrancesco Guarnieri, Oduvaldo Viana Filho e Flávio Migliaccio, vindos do Teatro Paulista de Estudantes. Com a entrada de Boal ganhou um projeto político. O primeiro sucesso com *Eles Não Usam Black-tie*, de Guarnieri, dirigido por José Renato, elevou o Arena da condição quase amadora para o nível profissional, pôs em evidência a dramaturgia nacional e motivou a abertura do Seminário de Dramaturgia para o elenco e convidados.

Revolução na América do Sul estreou em 15 de setembro de 1959, somando conceitos de Boal influenciados por Bertold Brecht ao resultado de discussões no Seminário. Usava técnicas de circo, revista, chanchada, mímica, farsa e canções com "um despudor, uma entrega total", que faziam o crítico Delmiro Gonçalves (*O Estado de S. Paulo*, 25.9.1960) vislumbrar "caminhos até agora impensados e que ansiávamos ver em nosso teatro".

Mesmo após o golpe de 1964, Boal iria avançar suas pesquisas de teatro político com o sistema coringa e o teatro-jornal. Preso em 1971, acabou se exilando e iniciou a consolidação do Teatro do Oprimido, método que divulgou em vários países como instrumento transformador da realidade social, o que fez dele um dos importantes pensadores do teatro no século XX.

Lançada em agosto de 1961, no formato consagrado na Coleção, a ANTOLOGIA DOS NOVÍSSIMOS, vinha com capa marcada de forma simples e forte: uma mancha de duas cores expandida em campo branco – tirada gestual de João Suzuki.

Originada de convocação de Massao, que se difundiu entre os jovens autores, serviu também como saída para muitas solicitações que lhe chegavam depois do lançamento da Coleção. Segundo Carlos Felipe Moisés, houve surpresa com inclusão de vários autores desconhecidos e não inclusão de outros que tinham, por volta de 1960, seus livros encaminhados.

Realmente era pelo menos temerária essa publicação com título de "antologia", sendo mais uma aposta em autores na maioria inéditos. E nem cuidou o editor de selecionar os gêneros, mesclando poesia, conto e teatro. Enfeixava Clovis Beznos, Carlos Felipe Moisés, Eduardo Alves da Costa, Eunice Arruda, João Ricardo Penteado e Lilia A. Pereira da Silva, já publicados na Coleção; Lea Maria de Barros Mott e Roberto Piva, que seriam nela incluídos; Decio Bar, que seria publicado fora dela; e Álvaro Alves de Faria e Ronald Zomignan de Carvalho, que teriam obras publicadas por Massao apenas nos anos 1970.

Também estreava CELSO LUIZ PAULINI (1929-1992), reconhecido como integrante da Geração 60, embora não tenha sido reeditado por Massao. Sua carreira evoluiu entre a poesia e o teatro, tendo quatro peças encenadas – a mais conhecida *As Raposas do Café*, escrita em parceria com Antônio Bivar. Sua obra poética, que inclui *O Gerifalto* (1962), *O Gerifalto Primus et Segundus* (1979) e *Vênus no Telhado* (1988), foi reunida em 2001 pela editora Azougue.

Sobre outros participantes da *Antologia*, é possível identificar alguns caminhos particulares.

O húngaro ISTVÁN JANCSÓ (1938-2010) tinha chegado ao Brasil em 1948, depois de atravessar na Europa vários campos de refugiados. Do interesse pelas letras passou à história e chegou a professor titular do Instituto de Estudos Brasileiros da USP. Seu livro *Na Bahia Contra o Império: História do Ensaio de Sedição de 1798* é uma referência. Foi o braço direito do bibliófilo José Midlin no encaminhamento do projeto da Biblioteca Brasiliana da Universidade de São Paulo.

LUIZ REGIS GALVÃO (1937-2011), encerrado o curso de Direito, retornou ao interior e chegou à promotoria. Além de colaborações em publicações jurídicas e em jornais de Barretos, deixou duas obras literárias: *Avenida Paulista* e *Bicicleta Amarela*.

CÉLIA BITTENCOURT (1942-2001) ainda esteve por algum tempo ligada às atividades culturais em Santo André, colaborando no semanário *News Seller*, antes de se dedicar inteiramente ao trabalho de secretaria gráfica nos jornais *Diário do Grande ABC* e *Gazeta Mercantil*.

título *Antologia dos Novíssimos*
autores Álvaro Alves de Faria, Carlos Alberto Seixas Lins, Carlos Felipe Moisés, Célia Regina Lopes Bittencourt, Celso Luís Paulini, Clovis Beznos, Decio Bar, Edgard Gurgel Aranha, Eduardo Alves da Costa, Eunice Arruda, Haydée Sorensen, István Jancsó, João Ricardo Penteado, José Carlos Robillard Marigny, Lea Maria de Barros Mott, Lilia A. Pereira da Silva, Otávio Júlio Silva Junior, Paulo Riccioppo, Roberto Piva, Roberto Simões, Ronald Zomignan Carvalho, Sérgio César, Elcir Castello Branco
apresentação José Mariano Carneiro da Cunha
capa João Suzuki
coleção Novíssimos, n. 9
formato 14 × 21 cm, 118 p.
ano 1961

EDGARD GURGEL ARANHA (1937-1990), que apresentava na *Antologia* peça teatral de um ato, continuou na dramaturgia, mas se notabilizou como ator, sendo lembradas, em sua curta carreira, as performances em *O Rei da Vela*, de Oswald de Andrade, direção de José Celso, e na primeira versão de *Navalha na Carne*, de Plínio Marcos, direção Jairo Arco e Flexa.

Estranha a presença na *Antologia* de ROBERTO SIMÕES (1933-2016). Seu livro de contos *O Anjo Amarelo* (1957) havia sido flagrado como plágio de Camilo Soares Figueiredo, resultando em sua expulsão dos quadros da União Brasileira de Escritores. Ele confessava na apresentação que havia se metido numa "encrenca" e estava dela se "redimindo". Massao o acolheu com boa-fé.

Coube a JOSÉ MARIANO CARNEIRO DA CUNHA (1926-1980), um filósofo que depois iria se encaminhar para a antropologia com sua mulher Manuela, a apresentação da coletânea. Sem ter participado da seleção e sem conhecimento do conteúdo – segundo Carlos Felipe Moisés, preferiu falar do ofício poético com grande entusiasmo: "A força transfiguradora, revolucionária no sentido mais amplo, da palavra poética, o poder incoercível da imaginação fecundada pela poesia quebram quaisquer cadeias e anulam todas as servidões inquietando jovens e parindo poetas como os que agora se apresentam: jovens das mais variadas tendências, ponto de encontro dos diversificados contrastes que nos delinearam o modo de ser brasileiro".

Nas curtas autobiografias de abertura, os autores falam de suas leituras, dos autores preferidos e dos sentimentos que os empolgavam, refletindo a vivência daquele momento. Nos poemas e em algumas confissões perpassam angústias e revoltas de juventude, projetadas como condição maior. A liberdade de formas indicava desconforto com a rigidez da geração anterior, mas não se mostram atraídos pelas propostas de vanguarda e nem pela "nova ordenação" cantada pela poesia participante.

Como pesada iniciação, alguns referiam leituras de Nietzsche e Dostoiévski. Fernando Pessoa e Drummond são de longe os poetas preferidos, seguidos por Vinicius e Sá-Carneiro. Há os que citam também Guilherme de Almeida e Paulo Bomfim. Dos estrangeiros, Rilke e Kafka são os mais lembrados.

Em resenha sobre a *Antologia* no Suplemento Literário de *O Estado de S. Paulo* (30.9.1961), Otto Maria Carpeaux toca justamente nesse ponto de leituras e influências. É simpática sua acolhida inicial: "Há nesses moços muito talento, ao lado de uma certa falta de jeito de expressão e de certa dose de vontade de fazer blague – isto é próprio da idade. Não encontrei entre eles, por enquanto, nenhum gênio; encontrei, sim, um ou outro nome ao qual já se poderá predizer, para breve, uma situação literária brilhante".

O que interessava a Carpeaux eram as preferências declaradas, que ele percorre com alguma ironia e espanto para concluir que "reina confusão nos testemunhos dos novíssimos. E não só dos novíssimos. Também ficam confusos os velhos e os velhíssimos". Para ele, a mocidade estava sem guia na procura de modelos da literatura brasileira tanto no âmbito escolar, como no âmbito da crítica. "E começa a fazer confusão, por falta de experiência literária e por falta de experiência de vida."

No caso desses novíssimos, as carreiras futuras de alguns vieram confirmar seus potenciais. E o inconformismo manifesto em algumas vozes iria se defrontar com um fato político, o golpe militar de 1964, seguido do longo período da ditadura.

Lindolf Bell em recital da Catequese
Poética nas ruas de São Paulo

AUTOR Lindolf Bell
TÍTULO *Os Póstumos e as Profecias*
CAPA C. A. Seixas Lima
COLEÇÃO Novíssimos, n. 12
FORMATO 24 × 11,5 cm, 36 p.
ANO 1962

O catarinense LINDOLF BELL (1938-1998) chegou a São Paulo em 1962 disposto a se integrar no meio literário e naturalmente encontrou Massao para editar seu primeiro livro de poemas *Os Póstumos e as Profecias*, incluído na Coleção dos Novíssimos, que ganhou formato menor e capa em sóbrio pb, diversos do que vinha sendo padrão para a Coleção. O Prêmio Governador do Estado como "revelação" identificou uma nova voz no panorama.

Crente no poder de transformação da palavra, Bell considerava a poesia "o instrumento mais generoso para eliminar a solidão, a indiferença, o desencanto, o cinismo e a discriminação", e logo buscou caminhos para exercer esse fervor, como a exposição coletiva de poemas-murais na Biblioteca Mário de Andrade em 1962.

Em 1964 Massao publicou seu segundo livro, *Os Ciclos*, para o qual Cyro del Nero optou na capa por um perfil clássico e sereno, quando o jovem poeta iniciava sua agitada Catequese Poética com um recital na boate Ela, Cravo e Canela, depois reproduzida em teatros, praças, universidades, escolas e clubes de São Paulo, no contrafluxo do constrangido silêncio recomendado naqueles primeiros tempos de ditadura. Foram seus aliados em diferentes momentos Álvaro Alves de Faria, Carlos Soulié do Amaral, Roberto Bicelli e Ronald Zomignan Carvalho.

A Catequese se expandiu para fora de São Paulo e ganhou adesões de Rubens Jardim, Luiz Carlos Mattos, Iraci Gentilli, Reni Cardoso, Erico Max Muller, Marly Medalha, Milton Eric Nepomuceno e outros. Diante de pequenas ou grandes plateias, as performances poéticas de Bell ganhavam uma aura *pop*, mostrando seu domínio cênico polido na Escola de Arte Dramática.

Em 1969, como balanço, ele publicou a *Antologia da Catequese Poética*. Foi momento de mudança de vida com rompimento com Ana Maria Kieffer, e casamento com Elke Hering, voltando para Florianópolis. Mudança também no país sob o Ato Institucional n. 5, quando qualquer manifestação inconformista, mesmo embalada em versos, estava proscrita.

Seu reencontro com Massao acontece dez anos depois para publicação da segunda edição de *As Annamárias* e de *As Vivências Elementares*. Na primeira obra, a cabeça do poeta desenhada na capa, já transformada em marca reconhecível.

Mesmo afastado das exibições públicas, sua figura de paladino, ajustada à poética, permaneceu admirada por muitos leitores, que sentiram sinceramente sua morte prematura, quando encerrou a procura da "palavra fóssil, a palavra antes da palavra", e foi atendido o pedido do poeta: "E porque o minifúndio se faz na terra da palavra, enterrem-me na palavra".

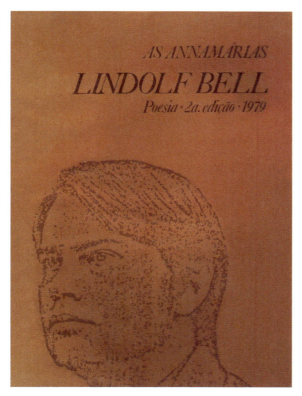

AUTOR Lindolf Bell
TÍTULO *As Annamárias*
ILUSTRAÇÕES Elke Hering Bell
FORMATO 31 × 22 cm, 63 p.
ANO 1979
Segunda edição.

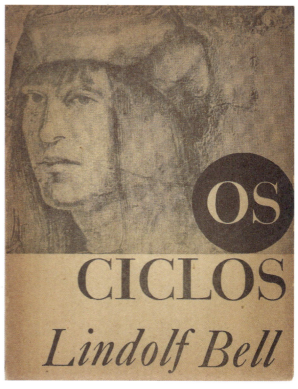

AUTOR Lindolf Bell
TÍTULO *Os Ciclos*
CAPA Cyro del Nero
FORMATO 21 × 16,5 cm, 52 p.
ANO 1964

AUTOR Lindolf Bell
TÍTULO *As Vivências Elementares*
CAPA E ILUSTRAÇÕES Vera Rodrigues
COEDITORA Roswitha Kempf
FORMATO 21 × 14 cm, 160 p.
ANO 1980

ROBERTO PIVA (1937-2010) e Massao Ohno se ligaram num tácido pacto de transgressão, do qual *Paranoia* foi a façanha principal, urdida para fechar a Coleção dos Novíssimos.

Segundo Claudio Willer, "nenhum editor teria aceito *Paranoia* de Piva; qualquer outro, naquele momento, veria apenas um destampatório insano nas séries de imagens surrealistas intercaladas por blasfêmias e imprecações; hoje, após meio século e três reedições, reconhecidas como marco de uma virada na poesia brasileira".

Piva já tinha mostrado suas garras na *Antologia dos Novíssimos* e na *Ode a Fernando Pessoa*, poema impresso numa tira única, aproveitando sobras de papel, que Massao chamava "tripa poética".

Thomaz Souto Correa aproximou Piva de Wesley Duke Lee, que se entusiasmou com os poemas e se dispôs a fotografar a cidade. Passados meses, trouxe imagens que não apenas se justapunham, mas se integravam na visão alucinatória da metrópole vislumbrada pelo poeta. Wesley cuidou também da diagramação e, seguindo as fotografias, deu ao livro um formato horizontal.

AUTOR Roberto Piva
PLAQUETE *Ode a Fernando Pessoa*
CAPA Carlos A. Seixas Lins
FORMATO 14 × 24 cm (aberto), 2 p.
ANO 1961

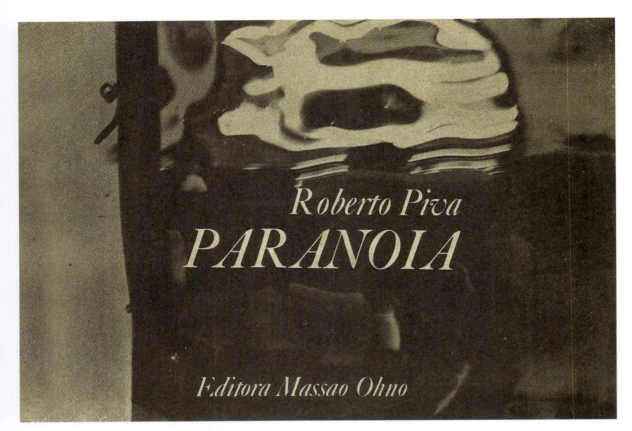

autor Roberto Piva
título *Paranoia*
apresentação Thomaz Souto Correa
fotografias e desenhos Wesley Duke Lee
coleção Novíssimos n. 13
formato 11 × 16 cm, 150 p.
ano 1963

Não faltou suspense no lançamento marcado para o Teatro Oficina. A plateia aguardou por mais de duas horas, até que Massao aparecesse com o primeiro lote impresso, distribuído entre os presentes. O restante foi saindo aos poucos da gráfica para as livrarias ou para ser distibuído pelo autor.

Nem mesmo seus companheiros avaliaram na época o rompimento proposto por *Paranoia*, ofuscados pelo autor que era ao mesmo tempo personagem explícito desse roteiro *beat* com surtos surrealistas. De longe, a crítica enxergou no máximo excentricidade; as boas famílias viram um péssimo exemplo.

No ano seguinte, foram lançados juntos, numa festiva noitada do Bar Barroquinho, na Galeria Metrópole, *Anotações Para um Apocalipse,* de Claudio Willer, e *Piazzas,* de Roberto Piva. Diferentes em suas poéticas, eram siameses pelo projeto gráfico, inspirado na Coleção Poetas de Bolso, lançada pela editora americana City Lights, de Lawrence Ferlinghetti, e pelas mútuas referências. Piva escreveu o prefácio para *Anotações*, e havia lembranças de seus diálogos com Willer no pósfácio de *Piazzas*. Este, um livro diferente de *Paranoia*, em que o *angry man* parecia convertido provisoriamente ao lirismo de evocações e projeções utópicas.

O pacto entre editor e poeta continuou em vigor mais de dez anos depois, quando Massao marcou seu retorno, em 1976, com a Feira de Arte e Poesia no Theatro Municipal (vide p. 178 e ss.), e incluiu nos lançamentos do evento *Abra os Olhos & Diga Ah,* uma fala anárquica e erótica que engrossava aquele rumor inconformista levantado na quietude da repressão. Tide Hellmeister com André Boccato lograram uma feitura gráfica compatível com esse tom. Mais leves, porém irônicos e irreverentes, são os desenhos de João Pirahy para *20 Poemas com Brócoli,* último livro de Piva editado por Massao.

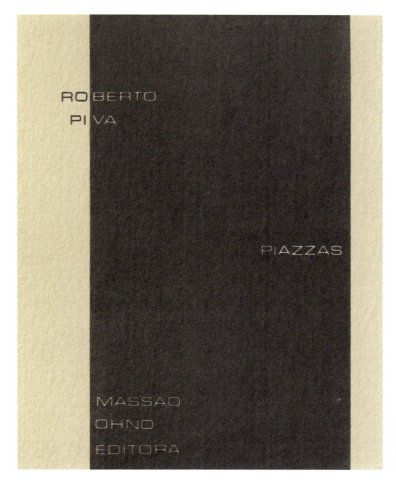

AUTOR Roberto Piva
TÍTULO *Piazzas*
COLEÇÃO Maldoror n. 2
FORMATO 17 × 13 cm, 46 p.
ANO 1964

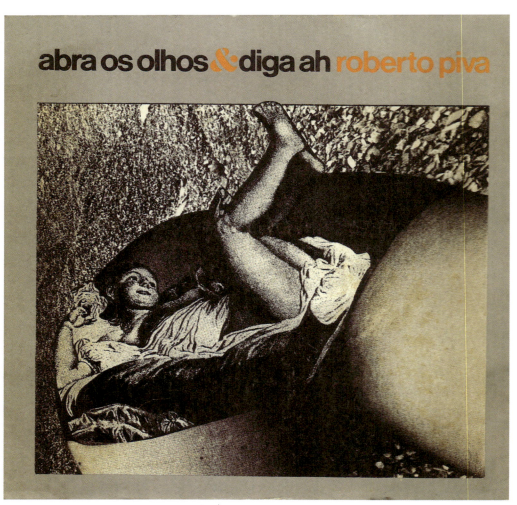

AUTOR Roberto Piva
TÍTULO *Abra os Olhos & Diga Ah*
ARTE Tide Helmeister
FOTO André Boccato
DIAGRAMAÇÃO E MONTAGEM Mazé Marcondes
FORMATO 18 × 18 cm, 28 p.
ANO 1976

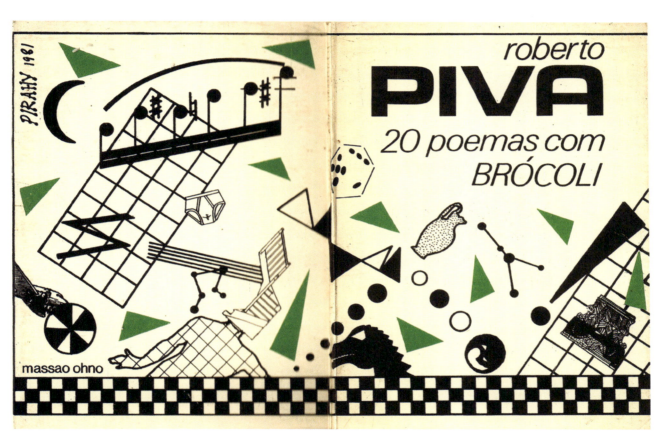

autor Roberto Piva
título *20 Poemas com Brócoli*
capa, contracapa e ilustrações João Pirahy
coeditora Roswitha Kempf
formato 17 × 25 cm (aberto), 48 p.
ano 1981

Provavelmente por distração do editor, a coletânea de contos *O Embaixador do Vento*, de MAMEDE COELHO, foi lançada como número 13 da Coleção dos Novíssimos, o mesmo número que havia identificado *Paranoia*, de Roberto Piva.

Não foi encontrada informação sobre Mamede Coelho e outras obras que tenha publicado.

AUTOR Mamede Coelho
TÍTULO *O Embaixador do Vento*
CAPA, CONTRACAPA E ILUSTRAÇÕES não identificado
COLEÇÃO Novíssimos, n. 13*
FORMATO 15,5 × 15,5 cm, 36 p.
ANO 1963

DECIO BAR (1943-1991) era o mais jovem do grupo formado por Claudio Willer, Roberto Piva, Antonio Fernando de Franceschi, Sergio Lima e Roberto Bicelli, quando estreou na *Antologia dos Novíssimos*. As poucas mas promissoras mostras de prosa e poesia aí apresentadas seriam ampliadas em *No Temporal*, uma conjunção de gêneros que ele chamou de "novel poema".

A obra chegou a Massao quando já tinha fechado sua gráfica, sendo produzida pela Gráfica Hamburg, guardando a mesma simplicidade das duas edições anteriores da Coleção Maldoror, *Anotações para um Apocalipse*, de Claudio Willer, e *Piazzas*, de Roberto Piva. *No Temporal* acabou sendo a única obra publicada por Decio Bar.

Sua inquietação, que fez passar pelos cursos de filosofia, sociologia e arquitetura, levou-o finalmente ao jornalismo e à publicidade como opções profissionais.

MASSAO OHNO, EDITOR

O trabalho nas revistas *Realidade* e *Veja* e em agências não o impediu de incursões no cinema, no teatro, na TV, na fotografia, na música e no desenho.

A fatalidade o alcançou prematuramente em circunstâncias (acidente ou suicídio) não esclarecidas. Sua personalidade sedutora e o enigma que se pôs com sua morte serviram de inspiração para um dos personagens do romance (depois transformado em série de TV) *Aos Meus Amigos*, de Maria Adelaide Amaral, sua amiga desde a juventude.

A mulher e a filha fizeram a reunião das poesias encontradas entre seus papéis e lançaram, em 2008, *Escritos*.

AUTOR Decio Bar
TÍTULO *No Tempotal*
COLEÇÃO Maldoror, n. 3
EDITORA Gráfica Hamburg/Massao Ohno
FORMATO 17 × 13 cm, 56 p.
ANO 1965

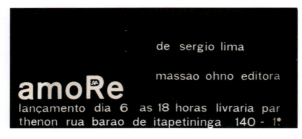

Frente e verso do convite de lançamento de *Amore*.

A sedução pelo surrealismo alcançou SERGIO LIMA (1939) desde jovem e marca suas pinturas, *collages*, textos críticos, roteiros, poemas e narrativas.

Ele havia levado, no início dos anos 1960, suas primeiras produções para Paris, incluindo os originais de *Amore*, que apresentou ao grupo surrealista, do qual André Breton o convidara a participar. Voltando para São Paulo em 1962, formou um grupo de debates do qual participaram Roberto Piva, Claudio Willer, Antonio Fernando de Franceschi e Decio Bar, com reuniões no Bar do Leo, no Redondo ou no Ferro's.

O projeto de *Amore*, seu primeiro livro, tinha uma peculiaridade: mais de duzentas páginas de texto manuscrito, fixando à mensagem a marca caligráfica do autor.

O lançamento aconteceu em 6 de novembro de 1963 na Livraria Parthenon, da rua Barão de Itapetininga, e mereceu uma resenha na revista *La Brèche*, dirigida por Breton.

Depois de *Amore* publicou o ensaio *O Corpo Significa* (1974) e os poemas de *A Festa (Deitada)* (1976).

Em 1984 voltou a ser editado por Massao: *Collage*, de complexa produção com uso de diversos tipos de material em sua composição.

Poeta e animador, continuou organizando debates, exposições e publicações, como a revista *Phala*, a par da prospecção histórico-documental das relações entre o surrealismo e o Brasil, do qual resultou dois volumes de *A Aventura Surrealista* (1995 e 2010). Nesta obra abrangente pesquisa a estética do movimento e oferece exemplos também da América Latina, clareando percursos e mostrando a contemporaneidade de suas influências.

autor Sergio Lima
título *Amore*
projeto gráfico Sergio Lima
capa Título em revelo sobre cartão preto
formato 17 × 17 cm, 235 p.
sobrecapa aberta 17 × 37 cm
orelha da sobrecapa Lembretes com citações de Emmanuelle, André Breton, R. Schwaller de Lubicz, Georges Bataille e Le Marquis de Sade

Edição original de 1000 exemplares, impressa nas oficinas de Massao Ohno Editora, Rua Vergueiro, 688, São Paulo/Brasil, sobre papel buffon 2 filandês 100 gramas, texto manuscrito pelo autor para efeito litográfico – 6 novembro 1963.

autor Sergio Claudio de Franceschi Lima
título *Collage – Textos sobre Re--Utilização dos Resíduos Impressos dos Resíduos Fotográficos em Nova Forma*
projeto gráfico do autor
capa *O Corpo Docentes/A Aula na Floresta*, de Sergio Lima, 1971
fotografias Georg Wojatscheck
coeditor Raul di Pace
formato 31,5 × 21 cm, 406 p.
ano 1984

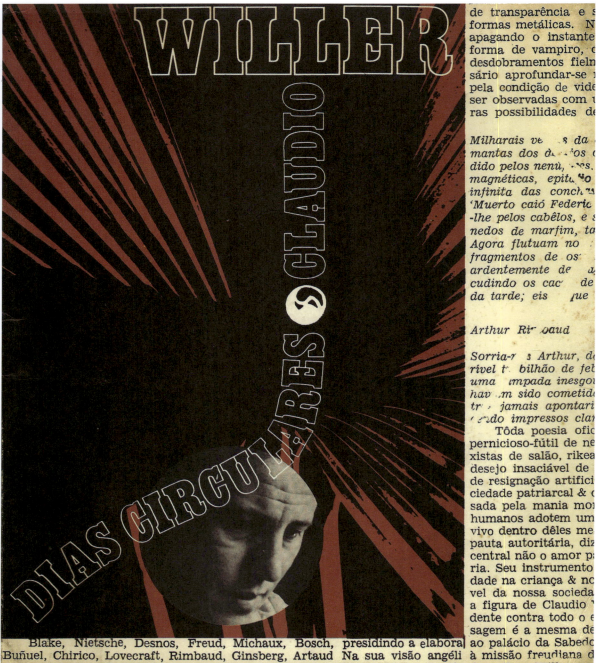

AUTOR Claudio Willer
TÍTULO *Dias Circulares*
LAYOUT André Boccato
FOTO Irco
FORMATO 21 × 18 cm, 120 p.
ANO 1976

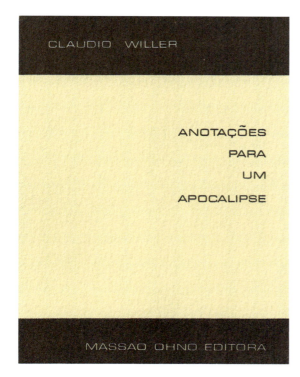

AUTOR Claudio Willer
TÍTULO *Anotações Para um Apocalipse*
INTRODUÇÃO Roberto Piva
APÊNDICE As Fronteiras e Dimensões do Grito – Manifesto
COLEÇÃO Maldoror, n. 1
FORMATO 17,5 × 13 cm, 56 p.
ANO Outubro, 1964

No começo de 1964, CLAUDIO WILLER (1940) recebeu um ultimato de Massao: "Quero te publicar!" Ainda não havia pensado nisso; não se via publicado. Juntou poemas em prosa e adicionou um manifesto para, em outubro daquele ano, lançar *Anotações Para um Apocalipse*, juntamente com *Piazzas*, de Roberto Piva, em movimentado evento no Bar Barroquinho da Galeria Metrópole. Desse encontro nascia a Coleção Maldoror e ficava a referência a Lautréamont, do qual Willer viria a traduzir as obras completas. Traduções também de Ginsberg e Artaud evidenciam preferências pelo surrealismo e pela poesia *beat*, que confluem em sua obra.

Anotações e *Piazzas,* editadas em pequeno formato, pb, sem ilustração ou efeitos gráficos, condiziam com o caráter anticonvencional de seu conteúdo. Seguiam o modelo da Coleção Poetas de Bolso, lançada pela editora americana City Lights, de Lawrence Ferlinghetti, cujo maior sucesso havia sido *Howl & Other Poems* de Allen Ginsberg em 1956. Willer reconhece que as prosas poéticas de seu livro cabiam, para o gosto da época, no registro das "esquisitices literárias".

Dias Circulares, lançado na agitada Feira de Poesia e Arte de 1976, da qual foi um dos organizadores ao lado de Massao, buscava impacto desde a capa ostensiva de André Boccato: colagem de texto, foto e desenho – um anúncio de novos profetas necessários para romper aqueles anos de chumbo.

Jardins da Provocação, de tempos mais amenos, ganhou formato e design clássicos do editor, e mistério na paisagem surrealista de Elvio Becheroni escolhida para a capa.

Willer manteve uma relação próxima com Massao, de encontros frequentes e trabalhos conjuntos, chegando até a hospedar temporariamente seu estúdio.

Em 1979, Massao editou o catálogo *Gretta*, preparado por ele e Gillo Dorfles para a exposição da artista Alegre Sarfaty (também conhecida como Gretta Sarfaty Marchant), ocorrida na Galeria Documenta, em São Paulo, em outubro daquele ano.

Integrado na vida intelectual de São Paulo e empenhado em ações culturais, Willer é sempre ouvido sobre os caminhos de sua geração, a exemplo do depoimento "A Cidade, os Poetas e a Poesia", que fez para a *Antologia Poética da Geração 60*. Ele também é dos depoentes no filme *Uma Outra Cidade*, de Ugo Giorgetti, e testemunha/personagem da narrativa *Os Dentes da Memória*, de Camila Hungria e Renata D'Elia, sobre o grupo que formou com Roberto Piva, Decio Bar, Sergio Lima, Antonio de Franceschi e Roberto Bicelli.

AUTOR Claudio Willer
TÍTULO *Jardins da Provocação*
CAPA Elvio Becheroni
ORELHAS Apresentação de Marcos Faerman
PREFÁCIO Norma Goldstein
ENCARTE "Viagens 6 Quase um Manifesto"
COEDITORA Roswitha Kempf
FORMATO 27 × 18 cm, 96 p.
ANO 1981

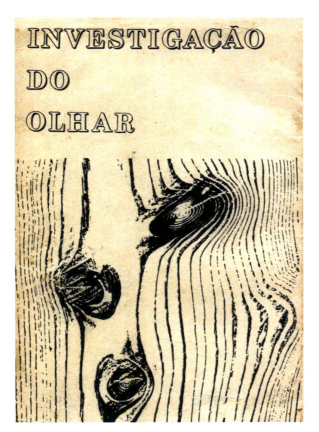

AUTOR Rubens Rodrigues Torres Filho
TÍTULO *Investigação do Olhar*
CAPA E ILUSTRAÇÕES Dorothy Bastos
COEDITORA Roswitha Kempf
FORMATO 21,5 × 15 cm, 66 p.
ANO 1963
Reprodução da primeira e quarta capa.

Quase vinte anos separam *Investigação do Olhar*, estreia de RUBENS RODRIGUES TORRES FILHO (1942), e sua volta com *O Voo Circunflexo*. Nos dezesseis anos de produção coletados nesse *Voo* mostrava amadurecimento e versatilidade de sua poesia. Somando o projeto gráfico de sóbrias ilustrações e capa de Márcia Rothstein (1952), o livro ganhou destaque e o Prêmio Jabuti. Nesse meio tempo, Rubens tinha cumprido o curso de filosofia na Universidade de São Paulo, passando por Paris para preparar sua tese de doutoramento; tinha iniciado a atividade docente e publicado *O Espírito e a Letra: A Crítica da Imaginação Pura em Fichte* (1975), além de participar da equipe da revista *Almanaque* e traduzir clássicos da filosofia alemã para a Coleção Os Pensadores, da editora Abril Cultural.

Em 1987 ele voltou a ser editado por Massao na antologia *Filosofemas*, onde se apresentava com Célia Regina Cavalheiro, Heidi Strecker Gomes, Ubirajara Rancan de Azevedo Marques, Victor Pierre Stirnimann, Vinicius de Figueiredo, Bento Prado Junior, Ruy Fausto, Bento Prado Neto e Marilena Chaui – especialistas de outras áreas da Universidade liberados para o exercício poético, que reconheceram em Massao o editor indicado para o gênero.

Com intensa dedicação acadêmica nas décadas de 1980 e 1990, não faltou a Rubens tempo para poesia de *A Letra Descalça*, *Poros*, *Retrovar* e *Novolume* – a encarnação do poeta-filósofo sempre percebida como ganho nesses caminhos paralelos.

AUTOR Rubens Rodrigues Torres Filho
TÍTULO *O Voo Circunflexo*
CAPA E ILUSTRAÇÕES Márcia Rothstein
COEDITORA Roswitha Kempf
FORMATO 22 × 15 cm, 80 p.
ANO 1981

BRUNO TOLENTINO (1940-2007) se iniciara frequentando as rodas do *Correio de Manhã* e no convívio com José Guilherme Merquior, Ferreira Gullar e Mário Faustino. Com dezessete anos, seu primeiro livro, *Infinito Sul*, levou a pecha de plágio de poemas de Walmir Ayala, Celina Ferreira, Francisco

Bittencourt e Afonso Felix de Souza. O que não o impediu de preparar nova coletânea, *Seteclaves*, cujos originais receberam o Prêmio de Revelação da Câmara Brasileira do Livro. Apagou-os de sua bibliografia, embora garantisse ter sido judicialmente reparado das acusações.

Portanto, *Anulação e Outros Reparos*, com prefácio do amigo Merquior, pode ser considerado seu livro de estreia. Logo depois, os maus presságios do golpe de 1964 levaram-no para a Europa, onde permaneceu por trinta anos, frequentando círculos universitários do Reino Unido, traduzindo e participando de encontros literários internacionais. Sua agitada itinerância, que inclui até uma prisão por tráfico de drogas, não vai se apaziguar no Brasil, onde desfechou críticas ao meio cultural e universitário e ressentimentos com a pouca receptividade às suas obras. Em 1988 republicou a "edição definitiva" de *Anulação e Outros Reparos*. Suas polêmicas colaborações na revista *Bravo* e sua poesia acabaram encontrando leitores fiéis e admiradores.

Como se vê abaixo, fotógrafo e designer quiseram deixar explícitos seus nomes (e seus olhares) nas duas páginas de abertura da edição, dispostos a assumir com Massao o jovem carioca que então se apresentava.

AUTOR Bruno Tolentino
TÍTULO *Anulação e Outros Reparos*
APRESENTAÇÃO José Guilherme Merquior
FOTOS Wesley Duke Lee
CAPA E PROJETO GRÁFICO Tide Hellmeister
FORMATO 22,5 × 15 cm, 96 p.
ANO 1963

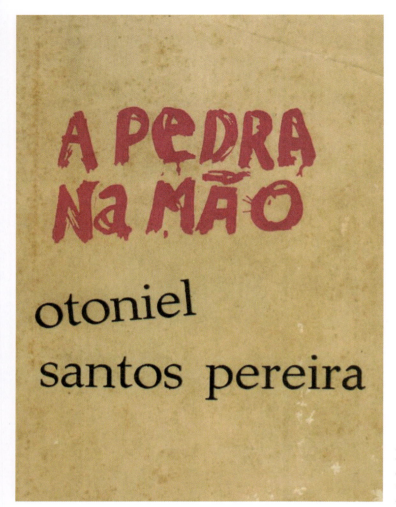

AUTOR Otoniel Santos Pereira
TÍTULO *A Pedra na Mão*
CAPA Tide Hellmeister
FORMATO 13 × 17 cm, 56 p.
ANO 1964

    Massao estava fechando sua gráfica em 1964, mas os jovens poetas continuavam chegando. Eram os casos de OTONIEL SANTOS PEREIRA (1940) e NEIDE ARCHANJO (1940), que fizeram com ele sua estreia, mas não retornaram à editora.

    A ostensiva simplicidade da capa de *A Pedra na Mão*, impressa em papel kraft, se deve a Tide Hellmeister.

    Nascia nesse encontro a parceria entre ele e Otoniel, que iria se repetir em *A Palavra Amor* (1981), *Bichário* (1992) e *Desnudamentos* (2001), onde suas ilustrações e colagens integram e interagem com o texto. Um tipo de composição caro a Otoniel, que explica sua atração pela publicidade e incursão no cinema com dois cultuados e premiados curta-metragens: *O Pedestre* e *Homem-Aranha Contra Dr. Octopus*.

A carreira de Neide Archanjo concentrou-se na poesia, com atuação desde o movimento Poesia na Praça, passando pela criação de Oficinas Literárias na Biblioteca Mário de Andrade, participação em certames nacionais e internacionais, até a assessoria editorial da revista *Poesia Sempre*, da Biblioteca Nacional. Em 2004 reuniu seus quarenta anos de poesia em *Todas as Horas e Antes*.

AUTOR Neide Archanjo
TÍTULO *Primeiros Ofícios da Memória*
FORMATO 24 × 16 cm, 34 p.
ANO 1964

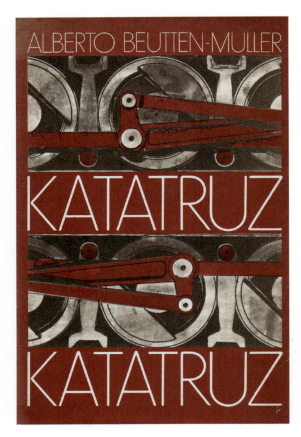

AUTOR Alberto Beutten-Muller
TÍTULO *Katatruz e Outros Poemas*
APRESENTAÇÃO Benedito Nunes
PÓSFÁCIO Mário Chamie
CAPA Glauco Pinto de Moraes
FORMATO 22,5 × 14 cm, 80 p.
COEDITORES Roswitha Kempf e Feira de Poesia
ANO 1977

Desde sua estreia em 1963, ALBERTO BEUTTEN-MÜLLER (1935-2016), paralelamente à poesia, dedicou-se ao jornalismo, onde passou dos assuntos gerais para a crítica de arte, abrindo caminho para sua futura atuação como curador da Bienal de São Paulo (1977) e da I Bienal Latino-Americana, no ano seguinte, e para publicações sobre Volpi, Arcangelo Ianelli e Aldir Mendes.

Sua escolha para a capa de *Katatruz* recaiu sobre GLAUCO PINTO DE MORAIS (1928-1990), que, afinado com o novo realismo, elegera seu tema recorrente naquela época: a locomotiva. Dela toma ângulos variados, indo da grande máquina a detalhes, para composições surpreendentes. Muitas metáforas podem ser extraídas dessa escolha. O poeta, o ilustrador e o editor preferiram deixá-las aos cuidados do leitor, só garantido o equilíbrio de desenho e título na capa da obra.

Continuando a atuar como crítico, curador e professor, Alberto também escreveu livros para jovens, como *O Mistério do Azul Turquesa*, *O Enigma dos 7 Dragões Dourados* e *O Amor que o Sol Proibiu*, e se deixou seduzir pelos mistérios das antigas civilizações americanas em *A Profecia Maya*.

MASSAO OHNO, EDITOR

RONALD ZOMIGNAN CARVALHO (1944), depois de sua participação na *Antologia dos Novíssimos*, publicou *Ao Compasso da Marcha* (1965), época em que se engajou na Catequese Poética de Lindolf Bell, com presença em reuniões e recitais. Sua opção profissional pela carreira na área de *marketing* deixou em espera a produção poética, que aflorou novamente quase trinta anos depois em *Olhar Girassol*.

O design dessa edição, num dos formatos preferidos de Massao, mostra delicadeza na combinação da tipologia com com as têmperas de diferentes artistas na capa e contracapa.

AUTOR Ronald Zomignan Carvalho
TÍTULO *Olhar Girassol*
CAPA E ILUSTRAÇÕES Gonçalo Ivo
CAPA *Última Luz*, têmpera a óleo, Acervo Saramenha.
CONTRACAPA *Cidade com Arcada*,
   têmpera a óleo de Clóvis Ferro Costa Jr.
ORELHAS Trechos do ensaio *A Poesia
   e o Livre Mercado*, de Octavio Paz
FORMATO 21 × 21 cm, 84 p,
ANO 1992

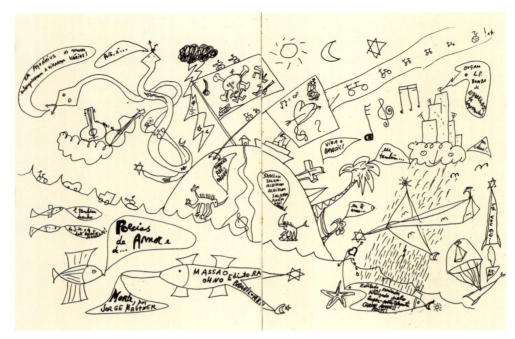

Ilustração de abertura de *Poesias de Amor e de Morte*.

Ao abrir *Poesias de Amor e de Morte,* primeiro livro de poemas de JORGE MAUTNER (1941), com sóbria capa em preto e vermelho, o leitor se depara em página dupla de abertura com delirante desenho, estilo grafite, que desmonta qualquer convenção. Resultado da antiga comparsaria de Mautner e JOSÉ ROBERTO AGUILAR (1941), iniciada nos tempos de Colégio Dante Alighieri, em São Paulo, quando fundaram o Partido do Kaos. Um partido que existia "no coração de todos", e teria alcançado cerca de mil simpatizantes, segundo os fundadores. O que não evitou que fossem cooptados por Mário Schenberg para o burocrático Partido Comunista. Uma passagem rápida, pois o inconformismo dos dois desaguava em outras direções. No caso de Mautner, se manifestaram precocemente em *O Deus da Chuva e da Morte* (1962), desdobrada em trilogia com *Kaos* (1964) e *Narciso em Tarde Cinza* (1966).

Aguilar, próximo dessa agitação permanente, se direcionou para a pintura. Ambos com fôlego multimídia para transitar pela literatura, as performaces, o cinema, o vídeo e a música. Os maus ventos da ditadura, que os levaram para os Estados Unidos e Inglaterra, os aproximaram dos tropicalistas. Um contato definitivo. No mesmo ano de *Poesias,* Mautner lançava na praça o LP *Bomba de Estrelas* e fazia sucesso com a música *O Encantador de Serpentes.* Aguilar criava o grupo musical Banda Performática e lançava o livro *A Divina Comédia Brasileira.*

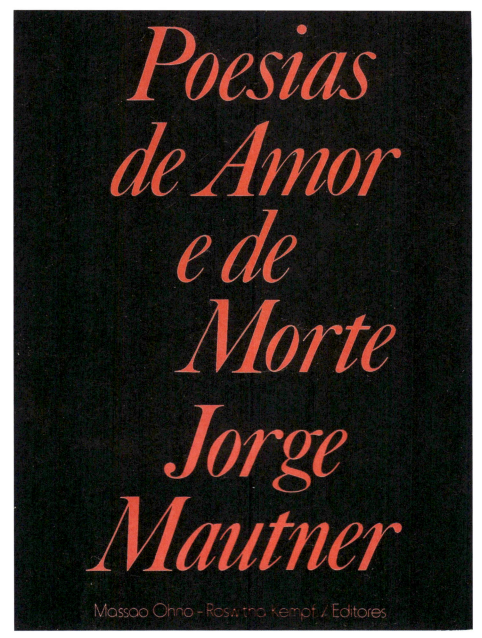

AUTOR Jorge Mautner
TÍTULO *Poesias de Amor e de Morte* e/ou *Cantos do Campo de Concentração do Horror e da Paixão*
ESTETIZAÇÃO, DIAGRAMAÇÃO E REVISÃO Carlos Roque
ILUSTRAÇÃO do autor (abertura) e de José Roberto Aguilar
FORMATO 23 × 15,5 cm, 206 p.
ANO 1981

ÁLVARO ALVES DE FARIA (1940) chegou a Massao levado por João Suzuki. Era frequentador do ateliê do pintor, na Liberdade, onde também praticava desenho. Um dos últimos a entrar na *Antologia dos Novíssimos*, não teve tempo de fazer sua autoapresentação, redigida por alguém que estava por perto. Seu primeiro livro foi *Noturno Maior* (1963), seguido de *Tempo Final* (1964) e *O Sermão do Viaduto* (1965), este lançado no Viaduto do Chá, no centro de São Paulo, iniciando comícios poéticos que acabaram proibidos por motivos políticos.

Passados mais de vinte anos, voltou a Massao para a edição de *Motivos Alheios*, "um bloco de anotações poéticas da cidade, retratos de cenas que recolhi e algumas histórias de amores aflitos". Edição demorada e dificultosa, pois nem o autor, nem o editor andavam em boas condições econômicas. Mesmo assim, conseguiram a colaboração de Guilherme de Faria, conhecido pelo seu desenho envolvente. Programado o lançamento no Museu de Arte de São Paulo, Massao apareceu com o livro quase uma hora depois do horário marcado: "O ambiente era de agonia. Massao surgiu quando eu pensava em fugir".

Esse atropelo não abalou a amizade que sempre os uniu, nascida nos encontros de juventude e relembrada por Álvaro quando da morte do editor:

"E Massao Ohno com uma prensa na Rua Vergueiro. Uma prensa e uma porção de jovens poetas. Tínhamos todos vinte anos e muitos sonhos na cabeça, sonhos demais para sonhar. A *Antologia dos Novíssimos*, com a capa desenhada por João Suzuki, a primeira palavra de uma geração de poetas que mais tarde passaria a chamar-se Geração 60 de Poetas de São Paulo. [...] E Massao, com sua prensa na Rua Vergueiro, fazendo os livros de jovens poetas que tinham sonhos para sonhar e algumas palavras para dizer. Uma lua no bolso. E alguns poemas que foram perdidos para sempre. Depois os anos escuros. [...] Tínhamos todos vinte anos. Uma prensa na Rua Vergueiro. Os sonhos também morreram. A poesia se tornou amarga. Dolorosa. Dolorida. Uma faca afiada que corta a veia da garganta, onde se guarda ainda o mesmo grito renascido na decepção e de uma amargura que não tem fim. Tínhamos todos vinte anos. Alguns guardam até hoje uma estrela no coração. A de Massao apagou no sábado de madrugada".

Álvaro é autor de mais de cinquenta livros, entre poesia, romances, ensaios literários e peças de teatro, foi um dos organizadores da *Antologia Poética da Geração 60*. Jornalista da área cultural, atua na imprensa, rádio e televisão. Muitos de seus livros foram publicados no exterior, especialmente em Portugal, além de participação em antologias de contos e poesia.

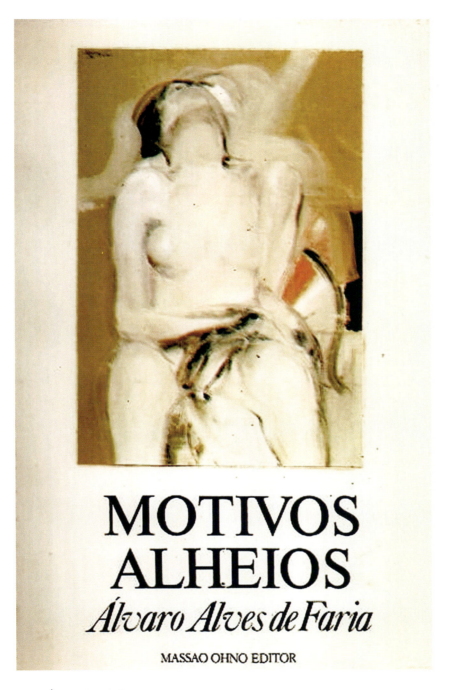

AUTOR Álvaro Alves de Faria
TÍTULO *Motivos Alheios*
ENSAIO INTRODUTÓRIO Carlos Felipe Moisés
CAPA, CONTRACAPA E ILUSTRAÇÕES
   Guilherme de Faria
FORMATO 15 × 22 cm, 72 p.
ANO 1983

CARLOS VOGT (1943), em depoimento ao Instituto Moreira Sales, em dezembro de 2004, lembrou que, para os jovens que buscavam publicar seus livros nos anos 1960, Massao era uma "referência quase mítica", que ele admirou de longe. Além da dedicação à carreira acadêmica que então iniciava, demorou muito para se sentir confortável em publicar seus poemas com a "organicidade" que desejava.

AUTOR Carlos Vogt
TÍTULO *Cantografia*
PREFÁCIO Antonio Candido
PROJETO João Baptista Costa Aguiar
COOEDITORES Hucitec/INL/MEC
FORMATO 15 × 15 cm, 106 p.
ANO 1982

O editor venceu sua relutância de tardio estreante dessa geração aos 39 anos. Em reuniões na casa de Massao da Rua Atlântica com a Eugênio Leite, que também era oficina de trabalho, os textos de *Cantografia* foram tomando forma com desenhos e colagens de João Baptista da Costa Aguiar (1948-2017), um designer gráfico já firmado em sua área.

O prêmio-revelação da Associação Paulista de Críticos de Arte recebido por *Cantografia* reconheceu a maturidade de poeta e o acerto do projeto. Animou-o a voltar mais uma vez para a edição de *Paisagem Doméstica*, que ele considerou um "primor de concepção e de objeto gráfico", valorizado com a reprodução de um óleo de Arcangelo Ianelli, um dos preferidos por Massao na ilustração de capas.

Paralelamente à intensa atividade acadêmica na Unicamp, onde chegou a Reitor, e atuação em entidades como a Fapesp e a SBPC, a produção poética de Carlos Vogt continuou: *Geração* (1985), *Metalurgia* (1991) e *Mascarada* (1997). Em *Pisca Alerta*, de 2008, ele reuniu inéditos com os primeiros livros.

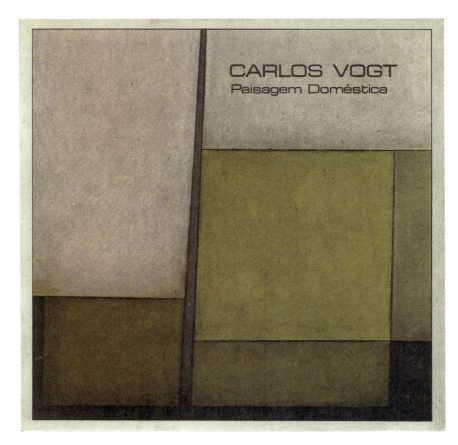

AUTOR Carlos Vogt
TÍTULO *Paisagem Doméstica*
CAPA Óleo de Arcangelo Ianelli
COEDITOR Ismael Guarnelli
COLEÇÃO Claro, vol. 1 – Coord. Marcelo Tápia
FORMATO 18 × 18 cm, 88 p.
ANO 1984

Além de Lindolf Bell, mais dois catarinenses, RODRIGO DE HARO (1939) e PÉRICLES PRADE (1942), foram incluídos entre os poetas paulistas dos anos 1960. Eles andavam por São Paulo naquela época e teceram relações com a cidade e com companheiros de geração. Suas primeiras obras, também expostas às influências do surrealismo, liberavam voos poéticos atravessados por sentidos místicos, mágicos, filosóficos e grotescos

Mas os encontros com Massao vieram a acontecer depois: o de Prade para a segunda edição de *Nos Limites do Fogo*, seguida de *Os Faróis Invisíveis*; o de Haro para a edição de *Amigo da Labareda*.

Haro já tinha firmado reputação em outra área, as artes visuais, como pintor, desenhista, gravador e muralista, além de tangenciar o cinema e o rádio.

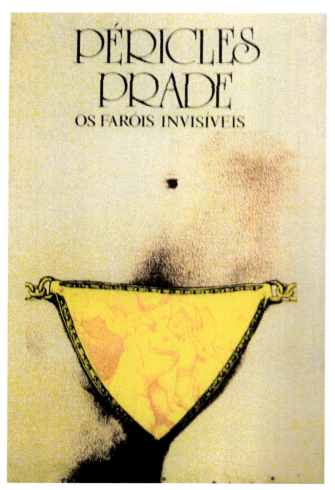

AUTOR Péricles Prade
TÍTULO *Os Faróis Invisíveis*
CAPA E ILUSTRAÇÕES Sérgio Macedo
FORMATO 26 × 12 cm, 54 p.
ANO 1980

PÉRICLES PRADE
NOS LIMITES DO FOGO

AUTOR Péricles Prade
TÍTULO *Nos Limites do Fogo*
PREFÁCIO Lindolf Bell
CAPA E ILUSTRAÇÕES Cavani Rosas
FORMATO 27 × 18 cm, 64 p.
ANO 1979

AUTOR Rodrigo de Haro
TÍTULO *Amigo da Labareda*
CAPA E ILUSTRAÇÕES do autor
POSFÁCIO Claudio Willer
ORELHAS Carlos Felipe Moisés
FORMATO 22 × 15 cm, 110 p.
ANO 1991

O roteiro profissional de Prade se dividiu entre as leis, como magistrado e professor, e a literatura, como poeta, ficcionista, historiador e crítico.

Confirmando as relações com o grupo paulista, a edição de *Amigo da Labareda* tem pósfacio de Claudio Willer e orelhas de Carlos Felipe Moisés, que analisam o plano muito pessoal alcançado por Rodrigo: uma poesia predominantemente visual, como notou o primeiro, e requintes de alquimista na manipulação da palavra e seus sentidos, segundo Carlos Felipe.

Ilustrações do próprio autor trazem na capa uma figura arlequinal, contrastando com os desenhos sintéticos, quase abstratos, que ilustram internamente os poemas. Na contracapa, como brinde, o retrato do autor aos sete anos – obra de seu pai, o também artista plástico Martinho de Haro.

Péricles Prade admite a forte presença do grotesco em sua ficção, enquanto o caráter erótico está mais presente na obra poética. As ilustrações de Sérgio Macedo para *Os Faróis Invisíveis* não são, portanto, aleatórias, com capa de discreta sensualidade.

Os finos desenhos de Cavani Rosas para *Nos Limites do Fogo,* explorando animais do zodíaco, se harmonizam com o caráter misterioso, inquietante e iniciático, que o amigo e conterrâneo Lindolf Bell vislumbrou em seu conteúdo poético.

III OUTROS DOS ANOS 1960

ULITA SCARANO (1925-2004) havia estreado em 1956 com *Pássaro Marinho*, uma edição do Clube de Poesia de São Paulo, e agora enveredava pelo conto em *O Espelho e a Janela*. Mas suas pedências a desviaram para história, matéria na qual se formou e dentro da qual desenvolveu carreira acadêmica, resultando em importantes pesquisa relacionadas à vida privada dos escravos no século XVIII, como *Devoção e Escravidão, Cotidiano e Solidariedade* e *Negro nas Terras do Ouro*. Também escreveu obras de divulgação da história do Brasil dirigidas especialmente aos jovens.

MARIA JOSÉ GIGLIO (1933) é um caso de fidelidade à poesia. Tinha publicado três livros em edições próprias quando chegou a Massao com *O Labirinto*. Sua extensa produção continua em aberto, com reconhecimento em várias antologias e traduções. Durante mais de cinquenta anos manteve em São Roque (SP) a Casa do Escritor, um polo irradiador de cultura e intercâmbio.

Diferentes em formato e em estilo, essas obras tinham em comum o design de Tide Hellmeister, que deixou em *O Espelho e a Janela* a mão impressa em encarte na primeira página, sinal explítico da artesania na feitura do livro nesse tempo heroico da pequena editora.

AUTOR Maria José Giglio
TÍTULO *O Labirinto*
PREFÁCIO Paulo Bomfim
CAPA E ILUSTRAÇÕES Tide Hellmeister
FORMATO 14 × 21 cm, 100 p.
ANO 1964

AUTOR Julita Scarano
TÍTULO *O Espelho e a Janela*
CAPA E PROJETO GRÁFICO Tide Hellmeister
FORMATO 17 × 17 cm, 80 p.
ANO 1963

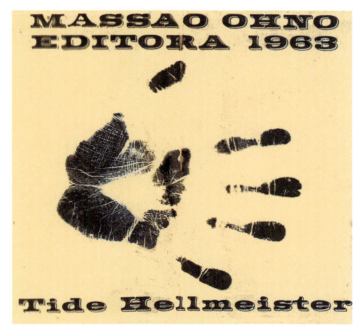

Encarte na primeira página.

    Especial sob vários aspectos esta edição da primeira obra de MANUELA LI-GETI (1943). Portuguesa de família judia, havia chegado ao Brasil aos onze anos de idade, com formação em colégios franceses. Agora, às portas da universidade, se dividia entre a física, o teatro, que estudava na Escola de Arte Dramática, e a literatura, que se manifestou em *Non Mon Peuple*, poemas em francês de longos versos, quase uma prosa poética, com entonação de versículos bíblicos. Aliás, o título da obra tem fonte no *Livro de Oseias*, do Antigo Testamento, citado como introdução.

    Manuela frequentava os jovens poetas de São Paulo e estava presente no Teatro de Arena quando se deu o lançamento da Coleção dos Novíssimos. No ano seguinte, a edição deste seu livro, patrocinada pelo pai, ganhou de Massao detalhes diferenciais: título em relevo e capas ilustradas com desenhos originais (portanto, únicos) de João Suzuki, Antônio Henrique Amaral, Seixas Lins e B. Beltran em número que não foi possível determinar.

AUTOR Manuela Ligeti
TÍTULO *Non Mon Peuple*
PREFÁCIO Sérgio Milliet
VÁRIAS CAPAS João Suzuki (ao lado), Antônio Henrique Amaral e B. Beltran (acima)
FORMATO capa 21 × 20 cm – contracapa 21 × 21 cm, 36 p.
ANO 1961

Sérgio Milliet na apresentação via na autora mais do que uma promessa: "Manuela Ligeti é dessas que tem na poesia sua linguagem. Que não a esquecerão nunca mais, mesmo por que não lhe falta que dizer e comunicar".

Mas sua comunicação se daria em outros canais. Em 1962, levada para a França por nova paixão, a matemática, acaba encontrando, sob orientação de Claude Lévi-Strauss, seu paradeiro, a antropologia. De volta ao Brasil, oito anos depois, já casada com José Mariano Carneiro da Cunha, Manuela Carneiro da Cunha, iniciou na Universidade de São Paulo sólida carreira acadêmica e de participação em assuntos de sua área, como a Fundação Pró-Índio e a assessoria aos constituintes de 1988 no capítulo sobre os povos indígenas. Entre suas inúmeras publicações, destacam-se a que organizou com estudiosos do Núcleo de História Indígena e do Indigenismo da Universidade de São Paulo, *A História do Índio no Brasil*, e, mais recentemente, a coletânea de artigos e ensaios *Cultura com Aspas*. Foi professora emérita da Universidade de Chicago por quinze anos.

É uma das obras poéticas de CASSIANO NUNES (1921- 2007), que também andou pela dramaturgia e pelo conto, mas se dedicou mais estensivamente à crítica, ao ensaio e à tradução em razão de sua atividade docente. Com iniciação literária em Santos, onde trabalhou em *A Tribuna*, veio para São Paulo, quando foi um dos organizadores da duradoura Coleção Saraiva.

Estudou na Universidade de São Paulo e em Heildelberg, na Alemanha, e esteve, como professor visitante, na Universidade de Nova York. Em 1958, participou na fundação da Faculdade de Letras de Assis e, em 1966, ingressou no Instituto de Letras da Universidade de Brasília, onde se aposentou.

Prisioneiro do Arco-Íris ganhou em outubro de 2002 uma edição comemorativa dos cinquenta anos de criação da Universidade de Brasília e da primeira edição do livro, impressa especialmente para lançamento no I Seminário sobre o Futuro do Livro: A Trajetória do Livro de Arte no Brasil, organizado pelo Instituto de Ciência da Informação da Universidade, quando também foi disponibilizado na página da web *Poesia em Livros de Arte: Edições Especiais e Alternativas*.

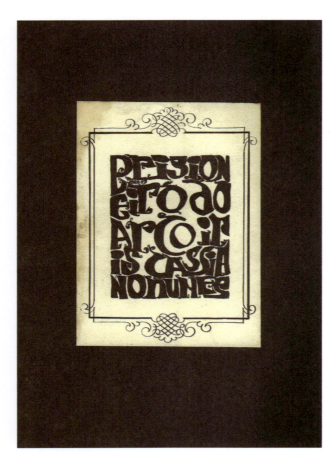

AUTOR Cassiano Nunes
TÍTULO *Prisioneiro do Arco-Íris*
Orientação de Wilson, caligrafia de Humberto, capa de Milton e impressão de Nakamura
FORMATO 30 × 21,5 cm, 48 p.
ANO 1962

CARLOS MARIA DE ARAUJO (1921-1962) nasceu em Lisboa. Após viver na Suíça e na Inglaterra, veio para o Brasil em 1953. Foi colaborador de jornais brasileiros e publicações britânicas, norte-americanas e francesas. Em *O Estado de S. Paulo* acompanhou as manifestações artísticas da capital e assinou uma crônica satírica "Aos Domingos".

Publicou *Versos* em 1952, quando ainda em Zurique, e *Ofício das Trevas* em 1960, com ilustrações do Clóvis Graciano. *9 Poemas* foi publicado em 1962, ano de sua morte, em queda de avião que o levaria à Inglaterra nas águas da Baía da Guanabara.

Hilda Hilst lhe dedicou as sete estâncias de *Pequenos Funerais Cantantes*, que, em 1969, foi recriado em peça para coro e orquestra por Almeida Prado.

O crítico Jorge de Sena destaca: "A sua obra muito breve é por certo das mais notáveis da poesia portuguesa que o desconhece ainda; [...] e pode considerar-se representada pelos dois livros que publicou pouco antes de morrer. Poesia extremamente despojada e densa, de uma intensa severidade formal e de vigorosa emoção contida numa expressão lapidar, é bem a de um oficiante das trevas, dessas trevas que tão terrivelmente cobrem a vida e o mundo".

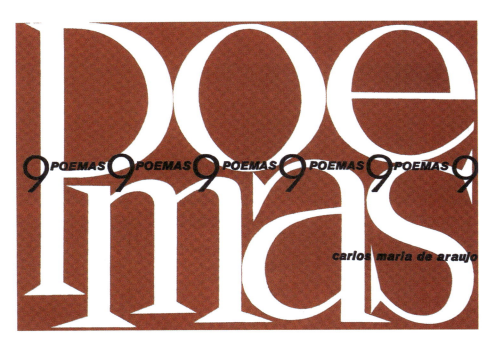

AUTOR Carlos Maria de Araujo
TÍTULO *9 Poemas*
CAPA E ILUSTRAÇÕES Acácio Assunção
FORMATO 17 × 22 cm, 44 p.
ANO 1962

IV VANGUARDA DIVIDIDA

PUBLICAÇÃO no mesmo ano do segundo número da revista *Invenção*, da *Antologia Noigandres 5* e de *Lavra Lavra* mostra que o selo editorial de Massao se sobrepôs às divergências entre o grupo concretista, que fazia na antologia um inventário de seu percurso de doze anos, e MARIO CHAMIE (1933-2001), que lançava plataforma própria.

Eles ainda estavam juntos em 1960, quando foi lançada pelos concretistas a página *Invenção* no jornal *Correio Paulistano*, agregando "outros de orientação autônoma de vanguarda", como Cassiano Ricardo, Pedro Xisto, Edgard Braga e Mario Chamie. A página durou 46 edições semanais, vindo a se transformar em revista, com o mesmo nome, em 1962. Por essa época as cisões já haviam eclodido. Eram tempos de cobrança e urgência de participação da classe intelectual nas transformações do país.

Ferreira Gullar, o primeiro a liderar o cisma dentro da vanguarda com o neoconcretismo, entoava poesia de cordel em *Violão de Rua*. Pignatari exibia contribuições de vários autores com visíveis influências do concretismo, que confirmavam sua promessa: "A poesia concreta vai dar, só tem que dar, o pulo conteudístico-semântico-participante". Para Chamie esse pulo não se consumaria dentro dos pressupostos concretistas, presos à transferência mecânica de processos do poema e a equívocos quanto às fontes históricas. Razão de seu rompimento

VANGUARDA DIVIDIDA

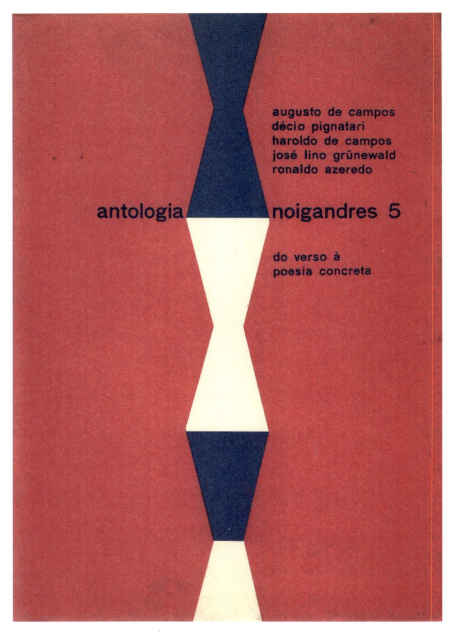

AUTORES Augusto de Campos, Décio Pignatari, Haroldo de Campos, José Lino Grünewald e Ronaldo Azeredo
TÍTULO *Antologia Noigandres 5 – do verso à poesia concreta*
CAPA E CONTRACAPA Homenagem do grupo Noigandres a Alfredo Volpi, primeiro e último pintor brasileiro. Reproduz aproximadamente uma tela (1960) do mestre.
FORMATO 23 × 15,5 cm, 206 p.
IMPRESSÃO Composto e impresso pela Gráfica São José, São Paulo
ANO 1962

e abertura com *Lavra Lavra* de caminho próprio, acompanhado de manifesto didático, onde perguntava e respondia: "O que é o poema-práxis? É o que organiza e monta, esteticamente, uma realidade situada, segundo três condições de ação: *a.* o ato de compor; *b.* a área de levantamento da composição; *c.* o ato de consumir".

A obra se propunha corresponder a esses elementos fundamentais.

Ao contabilizar as dissidências, o grupo de *Noigandres* registrou na revista *Invenção* (junho, 1963) a saída de Cassiano Ricardo, que não teria suportado por muito tempo a "alta tensão revolucionária". Sobre Chamie dedicava poucas linhas e se recusava ao debate com quem vinha desenvolvendo "parasitária atividade de rapinagem intelectual". Imputação devolvida por Chamie na mesma moeda, acrescida de atitude fascista que lhes atribuía – referência indireta às posições políticas de Ezra Pound, cultuado pelo grupo.

Chamie também abriu *Praxis – Revista de Instauração Crítica e Criativa,* e atraiu autores afinados com seu projeto, como Armando Freitas Filho, Yone Giannetti Fonseca, Antônio Carlos Cabral, O. C. Louzada Filho e Camargo Meyer, cuja obra *Cartilha* foi editada por Massao, com capa de Rubens Gerchman

Quando, em 1965, a revista *Convivium* organizou um número especial sobre a poesia brasileira, e convidou as duas partes e outros observadores para a discussão, as divergências ainda estavam vivas. Ao que se sabe, nunca houve conciliação. Em 1995, ao organizar Exposição Comemorativa dos 50 Anos da Geração 45, Chamie incluiu Décio Pignatari e Haroldo de Campos – um enquadramento que certamente não lhes era confortável.

AUTORES Vários
TÍTULO *Invenção – Revista de Arte de Vanguarda*
FORMATO 25,5 × 18,3 cm, 76 p.
ANO 1962

Segundo relato de Augusto de Campos (*Jornal da Unicamp*, 24–30.11.2008), a impressão do segundo número da revista *Invenção* estava programada na gráfica da Revista dos Tribunais, que negou-se a publicá-lo por causa do seu "Cubagramma" e da "Estela Cubana", de Décio Pignatari. Convocados para uma reunião, houve uma discussão acalorada: "A certa altura falou-nos um dos diretores, em tom exaltado: 'Nós não publicamos poesias de comunistas!' Já sabendo contar até dez, tínhamos conversado na véspera com Massao Ohno, que se prontificou a comprar o miolo, todo impresso àquela altura. A resposta pronta foi: 'Então você não é mais o nosso editor'. A revista saiu, afinal, com a rubrica da Massao Ohno Editora".

Foi, portanto, uma saída ocasional, tanto que Massao não voltaria a reeditá-la. E o projeto gráfico chegou pronto, vindo da mesa de trabalho de Décio Pignatari,

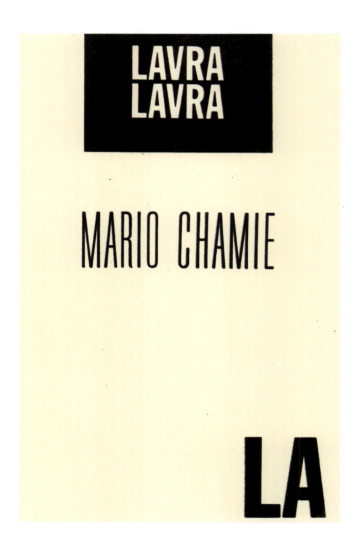

onde tinha também nascido o desenho de capa, resultado de provas de um carimbo com a palavra "invenção". A revista substituía a página do mesmo nome do *Correio Paulistano*, que usava no título o limpo Times New Roman. Agora quase um borrão, um "lance de palavras", indicação simbólica de opção mallarmaica, também prenúncio de tempos de debates.

Embora todo o grupo concreto fosse empenhado no apuro gráfico de suas produções, Décio Pignatari, que nessa época mantinha um escritório da propaganda e design na Rua Barão de Itapetininga, cuidou do projeto gráfico da revista e da *Antologia Noigandres 5*, cuja capa exibia um Volpi de sua coleção. "Ele era nosso capista oficial", lembra Augusto de Campos.

O projeto de *Lavra Lavra* segue o formato preferido por Massao para a coleção de poesia. A concepção de Cyro del Nero para a capa/contracapa tem impacto sem ilustração. Apenas as palavras em fundo branco e invertidas em fundo preto criam o desenho, estabelecem o ícone.

AUTOR Mario Chamie
TÍTULO *Lavra Lavra*
    Poemas-praxis 1958 a 1961
POSFÁCIO Manifesto Didático
CAPA E CONTRACAPA Cyro del Nero
FORMATO 14 × 22,5 cm, 130 p.
ANO Janeiro, 1962

v QUATRO MULHERES

ILDA HILST, Lupe Cotrim Garaude, Renata Pallottini e Ida Laura não eram estreantes e nem se enquadravam rigorosamente na Geração 60. Massao as atendeu com as produções mais trabalhadas da primeira fase de sua editora. Tiragens em processo artesanal, com formato, impressão e acabamento especiais, destinavam as obras à categoria de edições artísticas, de pequena circulação. Desse tipo de projeto o mais conhecido era o da Sociedade dos Cem Bibliófilos do Brasil, fundada por Raymundo de Castro Maya nos anos 1940, para a obras literárias conhecidas, ilustradas por artistas plásticos de renome.

Apontava um nicho editorial interessante, mas faltou a Massao organização e tempo (a editora seria fechada em 1964) para constituir uma rede de assinantes – sistema, aliás, de início aplicado à Coleção dos Novíssimos, que não prosperou.

As obras dessas autoras, hoje raras, têm um cuidado gráfico que evidencia o sentimento de Massao em relação ao ofício. Recebendo a produção literária como encomenda preciosa, desejava valorizá-la e entregá-la em invólucro condizente. Para essas edições conseguiu agenciar condições e colaboradores que garantiram resultados primorosos.

Em *Sete Cantos do Poeta Para o Anjo*, de Hilda Hilst, dentro de uma caixa com efeito marmorizado, as páginas impressas em papel 180 gramas são entremeadas com ilustrações de Wesley Duke Lee. Foram tirados cinquenta

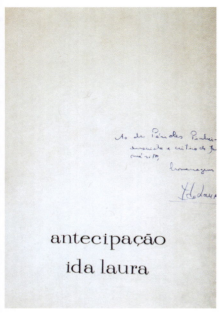

AUTOR Ida Laura
TÍTULO *Antecipação*
PLANEJAMENTO GRÁFICO
 E ILUSTRAÇÕES Tide Hellmeister
FORMATO 27 × 19 cm, com
 seis ilustrações *hors text*
ANO 1963

exemplares com um poema manuscrito e uma água-forte original, impressa em papel antigo por LeBlanc em Paris.

Para *Livro de Sonetos*, de RENATA PALLOTTINI (1931), Cyro del Nero projetou uma caixa de 42 lâminas em cartão grosso, impressas nas duas faces, ilustradas com abstrações, em contraponto à disciplina formal dos poemas. A autora demorou muito em aceitar essa ousadia gráfica, com lâminas sem numeração que poderiam se embaralhar e confundir o leitor.

Cânticos da Terra, de LUPE COTRIM GARAUDE (1933-1970), em pasta com fecho de tecido em forma de laço, contém cadernos ilustrados na abertura por Aldemir Martins. Também foram tirados cinquenta com um poema manuscrito e uma água-forte original.

Antecipação, de IDA LAURA (1928-2008), apresenta seis ilustrações *hors text* de Tide Hellmeister.

Outras afinidades ligavam essas autoras. As jovens Hilda e Lupe foram apelidadas, com Lygia Fagundes Telles, "as três mulheres do sabonete Araxá" quando, passeantes nas tardes paulistanas, encantavam com sua beleza, como na balada de Manuel Bandeira. O trio seria desfeito prematuramente com a morte de Lupe, impactando também sua amiga próxima Renata. O legado poético de Lupe foi suficiente para integrá-la nessa generosa safra de mulheres poetas, que compartilhavam temas clássicos do amor, da solidão e da morte.

As carreiras de Hilda, Renata e Ida convergem na dedicação a outro gênero, a dramaturgia, que não foi foco do editor. Massao iria cuidar especialmente da produção poética de Hilda e Renata. Ida Laura não voltou a ser editada por ele.

Hilda Hilst

SETE CANTOS DO POETA, PARA O ANJO

desenhos
Wesley Duke Lee

Massao Ohno Editora
1962

AUTOR Hilda Hilst
TÍTULO *Sete Cantos do Poeta, Para o Anjo*
APRESENTAÇÃO Dora Ferreira da Silva
DESENHOS Wesley Duke Lee
CAPA Formato de pasta, com fecho/laço em tecido. Exemplar vem dentro de uma caixa com efeito marmorizado.
FORMATO Pranchas de 46 × 32.5 cm dobradas ao meio, formando 46 p.
ANO 1962
Imagem do frontispício.
Desta edição de setecentos exemplares, executados nas oficinas Massao Ohno, Rua Vergueiro, 688 – São Paulo, impresso sobre papel Petrópolis-Superopak 180 g, foram tirados cinquenta exemplares numerados e assinados contendo um canto manuscrito pelo poeta e uma água-forte original do Grito, *tiragem em papel antigo pelo impressor LeBlanc em Paris – 1960.*

LUPE COTRIM GARAUDE

DESENHOS DE ALDEMIR MARTINS

MASSAO OHNO EDITÔRA
1963

AUTOR Lupe Cotrim Garaude
TÍTULO *Cânticos da Terra*
DESENHOS Aldemir Martins
FORMATO Caixa de 31 × 21 cm, contendo cadernos soltos, total 58 p.
ANO 1963

Desta edição de mil exemplares, impressa nas oficinas Massao Ohno, foram tirados cinquenta exemplares especiais numerados e assinados contendo um manuscrito e uma agua forte original.

AUTOR Renata Pallottini
TÍTULO *Livro de Sonetos*
PROJETO GRÁFICO, CAPA E ILUSTRAÇÕES Cyro del Nero.
FORMATO Caixa com 42 lâminas de 28 × 14,5 cm em cartão, impressas nas duas faces
ANO 1961

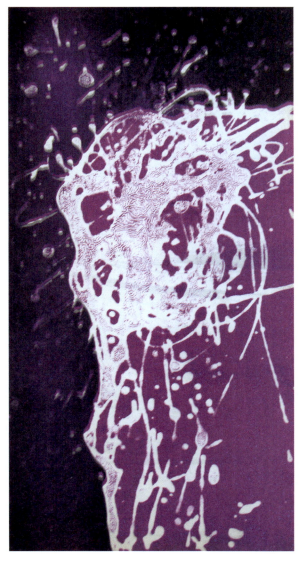

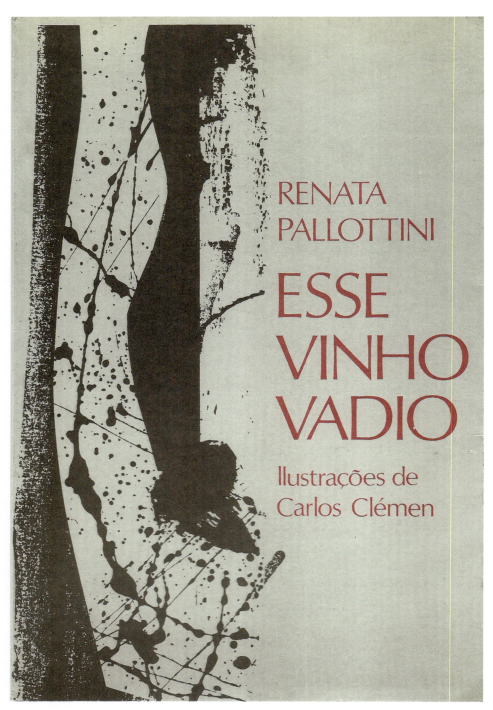

AUTOR Renata Pallottini
TÍTULO *Esse Vinho Vadio*
CAPA E ILUSTRAÇÕES Carlos Clémen
FORMATO 22,5 × 15 cm, 64 p.
ANO 1988

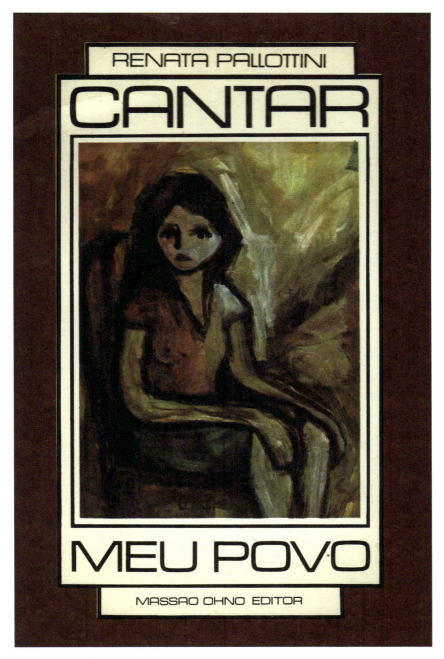

autor Renata Pallottini
título *Cantar Meu Povo*
prefácio Norma Goldstein
capa Wanderley Ciuffi
contracapa Foto da autora e apresentação de Claudio Willer
orelhas Apresentação de Marcos Faerman
formato 27 × 18 cm, 96 p.
ano 1980

AUTOR Renata Pallottini
TÍTULO *Cerejas, Meu Amor...*
DIAGRAMAÇÃO E ARTE Roberto Pires e Albuquerque
FORMATO 13 × 10 cm, 48 p.
ANO 1982

"Tudo começou na velha Rua Tamandaré, Liberdade, onde éramos vizinhos. Estudantes, imigrantes, juventude. A gente se esbarrava no ponto do ônibus. Fiquei conhecendo aquele rapaz bonito, espigado e senhor do seu espaço. Chegava para nós o tempo dos livros e dos poemas. E foram se estendendo, esse tempo e esse espaço, até que, em 1961, veio a minha experiência de fazer sonetos e a dele de fazer um objeto único: meu *Livro de Sonetos*, colaboração visual de Cyro del Nero e Massao Ohno Editora, até hoje igual nenhum outro. Ele me mandava presentes no Natal, desde quadros a vinhos, presentes que eu recebia encantada. Em 1976 fizemos uma loucura explícita, no Theatro Municipal, dizendo poesias, lançando e expondo livros; meu livro lançado na ocasião era *Coração Americano*, pela Editora Meta, que até hoje penso que fosse um codinome de Massao. [...] Em 1980 voltamos a trabalhar juntos, aí com *Cantar Meu Povo* e, em 1982, *Cerejas, Meu Amor...*, num formato inovador e que – novidade! – nenhuma livraria gostava de expor. Veio 1985 e eu fiz com ele *Esse Vinho Vadio*, um tema que era caro a nós dois; sempre Poesia, sempre esse veneno de bilheteria que eu praticava e ele defendia. Depois, foram os anos da maturidade, difíceis e complicados para um homem que fizera do Amor a sua principal ocupação, meta e atividade. Amor às mulheres, amor aos poetas, amor aos livros e à vida que vale a pena de ser vivida.

"Toda vida tem um fim; ele nos deixou saudade, exemplos de trabalho inaugural, de produção ímpar. O Massao Ohno Único. Não haverá outro igual, oxalá surja outro parecido."

Depoimento de Renata Pallottini *em 16 de junho de 2010.*

autor Hilda Hilst
título *O Caderno Rosa de Lori Lamby*
capa e ilustrações Millôr Fernandes
formato 22 × 15 cm, 88 p.
ano 1990

A cumplicidade entre Massao Ohno e HILDA HILST (1930-2004) é um caso contraditório entre uma autora que tinha a compulsão de ser lida e um editor desprovido de vocação e de instrumentos para a veiculação comercial do livro. Quando criticado por essa falta, ele se eximia com alguma ironia e superioridade dizendo que "publicava para editores". Mas ela queria leitores, mais leitores do que costumavam alcançar as pequenas edições de suas obras. Estava cansada de não ser reconhecida e do rótulo "autora hermética". Fazia suas as palavras de Edna St. Vincent Millay: "Leia-me, não me deixe morrer". E quando decidiu jogar pesado, liberar seus demônios eróticos e sarcásticos, contava encontrar um veículo de grande público. Escreveu uma longa carta-apelo a Caio Graco, da Editora Brasiliense, que se retraiu diante da empreitada. Voltou então a Massao, parceiro sempre disponível para o risco, que editou *O Caderno Rosa de Lori Lamby* e, dois anos depois, *Bufólicas*.

Para ilustrar essas obras, Massao buscou artistas pautados pela mesma irreverência. Os desenhos de Millôr Fernandes para *Lori Lamby* são sintonizados com a ingenuidade postiça da narrativa, que libera malícia e ironia. Em *Bufólicas* Jaguar é mais explícito em suas estrepolias eróticas. O potencial de escândalo desses dois livros se instalou como provocação, espantou leitores e fez a crítica em geral recuar, poucos percebendo sua inovação e liberação carnavalesca, no sentido de Bákhtin.

AUTOR Hilda Hilst
TÍTULO *Bufólicas*
CAPA E ILUSTRAÇÕES Jaguar
FORMATO 21 × 21 cm, 36 p.
ANO 1992

Do ponto de vista comercial, mesmo superando as modestas tiragens costumeiras de Massao, não chegaram a *best-seller* do momento. De alguma forma, a autora se sentiu compensada. Mais ficaria se pudesse advinhar os caminhos futuros desses livros, que, com *Contos d'Escárnio*, *Cartas de um Sedutor* e *Berta e Isabô*, compuseram *Pornochic*, lançado em 2014 com aura de cânone literário.

A partir de *Sete Cantos*, foram doze as obras de Hilda Hilst editadas por Massao. Entre a primeira e *Júbilo, Memória, Noviciado da Paixão* há um intervalo de mais de dez anos. Massao estava retomando lentamente a atividade, sendo essa obra uma das poucas que lançou em 1974, ficando a capa e diagramação por conta de Anésia Pacheco e Chaves.

Amigos e hóspedes de Hilda na Casa do Sol, sua chácara e moradia de eleição perto de Campinas, os artistas plásticos José Luis Mora Fuentes e Olga Bilenky, foram certamente por ela escolhidos para a ilustração de capa de *A Obscena Senhora D* e de *Cantares de Perda e Predileção*. A ilustração de Olga reflete a redescoberta da Mandala, que incorporou a seus trabalhos após viagem a Israel.

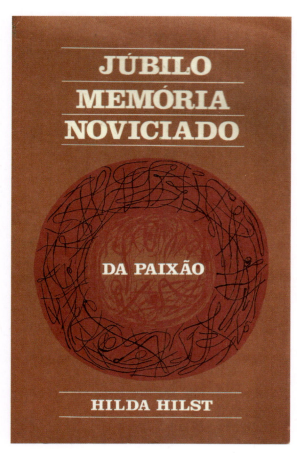

AUTOR Hilda Hilst
TÍTULO *Júbilo, Memória, Noviciado da Paixão*
CAPA E DIAGRAMAÇÃO Anésia Pacheco e Chaves
FORMATO 26,5 × 17 cm, 128 p.
ANO 1974

AUTOR Hilda Hilst
TÍTULO *Cantares de Perda e Predileção*
CAPA Olga Bilenky
COEDITORA Maria Lydia Pires e Albuquerque
FORMATO 22 × 14,5 cm, 80 p.
ANO 1983

AUTOR Hilda Hilst
TÍTULO *A Obscena Senhora D*
APRESENTAÇÃO Caio Fernando Abreu
CAPA Mora Fuentes
COEDITORA Roswitha Kempf
FORMATO 21 × 14 cm, 64 p.
ANO 1982

AUTOR Hilda Hilst
TÍTULO *Da Morte. Odes Mínimas*
DESENHO DE CAPA Augusto Rodrigues
ILUSTRAÇÕES da autora
COEDITORA Roswitha Kempf
FORMATO 27 × 18 cm, 80 p.
ANO 1980

Hilda Hilst

SOBRE A TUA
GRANDE FACE

AUTOR Hilda Hilst
TÍTULO *Sobre a Tua Grande Face*
GRAFISMOS Kazuo Wakabayashi
FORMATO 23,5 × 21 cm, 56 p.
ANO 1986

AUTOR Hilda Hilst
TÍTULO *Amavisse*
APRESENTAÇÃO Carlos Felipe Moisés
CAPA Cid de Oliveira
FORMATO 20 × 15,5 cm, 64 p.
ANO 1989

AUTOR Hilda Hilst
TÍTULO *Poemas Malditos Gozosos e Devotos*
CAPA Tomie Ohtake
COEDITOR Ismael Guarnelli
FORMATO 20,5 × 14 cm, 70 p.
ANO 1984

AUTOR Hilda Hilst
TÍTULO *Cantares do Sem Nome e de Partidas*
CAPA *Sinfonia em Azul*, de Arcangelo Ianelli
FORMATO 26 × 18 cm, 40 p.
ANO 1995

As preferências de Massao para outras obras recaíram em composições abstratas, como as de Tomie Othake e Arcangelo Ianelli, de sóbrias variações cromáticas, como a resguardar para o leitor as revelações poéticas turbulentas e apaixonadas de seu conteúdo. Na contracapa de *Amavisse* (p. 131), ele se deu a liberdade de estampar foto sua com Hilda e poema a ele dedicado. Caso único em que o editor se desvelava e mostrava essa intimidade. Massao não era frequentador habitual da Casa do Sol, mas sempre mantinha contato com Hilda e mandava-lhe livros. Nos encontros em São Paulo, nos lançamentos, alargavam o tempo em planos e confidências. Momento de se mirarem como em espelho, e ela o reconhecia "[...] transgressor metalescente de percursos / Colou-se à compaixão, abismos e à sua própria sombra".

AUTOR Hilda Hilst
TÍTULO *Do Amor*
CAPA *Composição em Vermelho*, de Arcangelo Ianelli
COEDITORA Edith Arnhold
FORMATO 21 × 14 cm, 104 p.
ANO 1999

Contracapa de *Amavisse*.

O escritor e seus múltiplos vem vos dizer adeus.
Tentou na palavra o extremo-tudo
E esboçou-se santo, prostituto e corifeu. A infância
Foi velada: obscura na teia da poesia e da loucura.
A juventude apenas uma lauda de lascívia, de frêmito
Tempo-Nada na página.
Depois, transgressor metalescente de percursos
Colou-se à compaixão, abismos e à sua própria
                                                            sombra.
Poupem-no o desperdício de explicar o ato de brincar.
A dádiva de antes (a obra) excedeu-se no luxo.
O Caderno Rosa é apenas resíduo de um "Potlatch".
E hoje, repetindo Bataille:
"Sinto-me livre para fracassar".

Hilda Hilst

VI AFINIDADES ORIENTAIS

ASSAO DIZIA "queriam que eu fosse japonês", no sentido de se submeter a modelos de comportamento que se impunham aos imigrantes e seus descendentes para não apagar traços identitários na comunidade brasileira. E lembre-se que seu pai era um militar com patente do exército imperial nipônico. Foi educado dentro de princípios arraigados às origens, como a língua, e destinado a uma profissão reconhecida, a odontologia. Veio a aprender português quando sobreveio a Segunda Guerra e as escolas japonesas foram fechadas.

Se por temperamento e opções de vida contrariou os destinos programados, nem todos os vínculos foram rompidos. Em sua condição profissional estabeleceu alianças com amigos e sociedades da colônia, podendo ser considerado o mais importante editor de textos relacionados com a imigração e com a cultura japonesa no período de sua atuação. Destacam-se a divulgação de obras clássicas e modernas da literatura do Japão, memórias de imigrantes e especial atenção para o gênero poético mais característico, o haicai.

Manteve também ligação e admiração pelos pintores nipo-brasileiros, tendo produzido o catálogo da última exposição de Tomoo Handa, organizada pelos amigos do Grupo Seibi, e usado em suas edições ilustrações de Manabu Mabe, Tomie Othake, Kazuo Wakabayashi, Tomoshigue Kusuno, Massao e Alina Okinaka, e do nissei João Suzuki, aliado dos primeiros tempos da gráfica da Rua Vergueiro.

AUTOR Luiz Paulo Lindenberg Sette
TÍTULO *A Revolução Samurai*
CAPA *Os Trinta e Seis Poetas*, de Korin Ogata (1658-1716)
COEDITORA Aliança Cultural Brasil-Japão
FORMATO 21 × 24 cm, 156 p.
ANO 1991

Em parceria com a Sociedade de Cultura Japonesa ou sob sua única chancela, Massao publicou *O Método Japonês*, de Tadatsuna Yabu, *O Nikkei e Sua Americanidade,* temas apresentados na III Convenção Panamericana Nikkei, *300 Anos de Ukiyo-e, Retrospectiva de Costumes do Japão Através da Arte da Xilogravura,* catálogo da exposição vinda do Museu de Belas-Artes Moa, do Japão; *Imigração Japonesa na História Contemporânea do Brasil*, de Arlinda Rocha Nogueira; *Toda uma Vida no Brasil*, de Katsuzo Yamamoto; *História dos Samurais*, de José Yamamoto; *A Revolução Samurai*, de Luiz Paulo Lindenberg Sette (p. 136); *Kasuga-tai: Um Laço Entre o Brasil e o Japão*, de José Metello de Mattos; *Por que Migramos do e Para o Japão: Os Exemplos dos Bairros das Alianças e dos Atuais Dekasseguis*, de Reimei Yoshioka; *Como uma Erva Silvestre*, de Tomekiti Goto; *Numa Campina Verde-Mar Distante* (p. 138), poesia de Kikuo Furuno; *20 Poemas,* de Toyoki Nojiri; *Alina e Massao Okinaka – Perenidade e Vida*, catálogo da exposição desses pintores na Pinacoteca do Estado de São Paulo; e *Kyōgen – O Teatro Cômico do Japão* (ao lado), que analisa um gênero expressivo do palco japonês, e põe pela primeira vez ao alcance do leitor brasileiro antologia de suas peças.

No campo educacional, Massao esteve associado à Aliança Cultural Brasil-Japão para difusão da língua com o *Dicionário Básico Japonês-Português*, que se tornou um *best-seller* permanente e sustentáculo econômico da editora; o *Curso Elementar de Kanji,* e o *Curso de Conversação*, de Nihongo Kaiwa, em cuja capa ele deixou sua marca: a reprodução de uma bela abstração de Manabu Mabe.

AUTOR Sakae Murakami Giroux
TÍTULO *Kyōgen – O Teatro Cômico do Japão*
PREFÁCIO Sábato Magaldi
FOTOGRAFIAS Shinji Aoki
COORDENAÇÃO TÉCNICA
 Roberto Fernando de Andrade
COEDITORA Aliança Cultural Brasil-Japão
FORMATO 22 × 15 cm, 240 p.
ANO 1989

AUTOR Kikuo Furuno
TÍTULO *Numa Campina Verde–Mar Distante*
PERFIL DO AUTOR Masuo Yamaki
CAPA Detalhe de *Flores de Outono e Inverno*, de Hoitsu Sakai (1761-1828). Acervo do Museu Nacional de Tóquio
COEDITORA Aliança Cultural Brasil-Japão
FORMATO 21 × 23 cm, 40 p.
ANO 1991

TÍTULO *Tomoo Handa*
Catálogo da Exposição Retrospectiva Handa levada a efeito pelo Grupo Seibi, Sociedade Brasileira da Cultura Japonesa, amigos e admiradores do pintor.
FOTOGRAFIAS E STILLS Michio Ozawa
ARTE, DIAGRAMAÇÃO E COORDENAÇÃO Massao Ohno
EDIÇÃO Meta Editora de Letras e Artes
FORMATO 29 × 22,5 cm, 20 p.
ANO 1976

AUTOR Ryūnosuke Akutagawa
TÍTULO *Rashomon e Outros Contos*
COLEÇÃO Clássicos Orientais
TRADUÇÃO Antonio Nojiri
e Ricardo Mário Gonçalves
CAPA João Suzuki
ILUSTRAÇÕES Manabu Mabe
COEDITORA Sociedade Paulista de Cultura Japonesa
FORMATO 24 × 15 cm, 95 p.
ANO 1961

Rashomon e Outros Contos apresentava pela primeira vez ao leitor brasileiro RYŪNOSUKE AKUTAGAWA (1892-1927), editado em parceria com a Sociedade Paulista de Cultura Japonesa

Considerado o pai do conto moderno japonês, Akutagawa acompanhava o prestígio ganho pelo cinema japonês no circuito internacional com filme de Akira Kurosawa, de 1951, cujo roteiro era baseado em dois contos seus, "Rashomon" (que deu nome ao filme) e "Dentro do Bosque". Escritor marginal, torturado até o precoce suicídio, conseguiu absorver influências da literatura europeia, sem perder referências das sagas medievais do Japão, que explorava com poderosa fantasia.

A obra iniciava a Coleção Clássicos Orientais, dirigida por Antonio Nojiri e Ricardo Mário Gonçalves, tendo João Suzuki e Manabu Mabe como diretores artísticos. Apesar do lançamento festivo em setembro de 1961, com convites estampando desenhos originais de João Suzuki e coquetel patrocinado pelo editor e pelo Consulado do Japão, a Coleção não avançou por razões desconhecidas. Quando esteve associado à Civilização Brasileira nos anos 1970, Massao reeditou *Rashomon e Outros Contos* naquela casa juntamente com outro clássico moderno, *Pôr do Sol*, do rebelde e igualmente suicida OSAMU DAZAI (1909-1948).

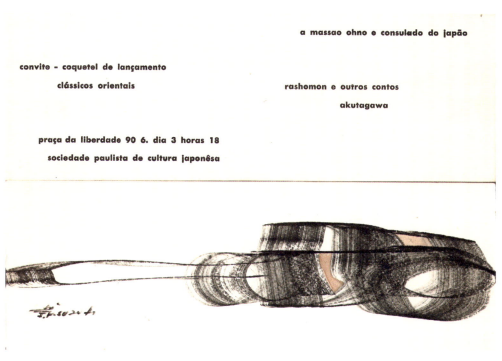

Exemplar de convite do lançamento de *Rashomon e Outros Contos*, com desenhos personalizados de João Suzuki.

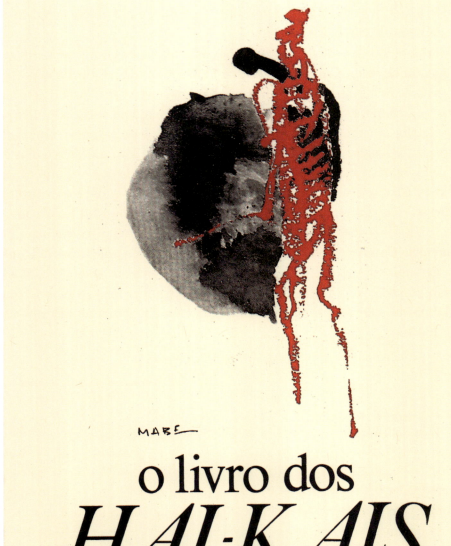

TÍTULO *O Livro dos Hai-kais*
TRADUÇÃO Olga Savary
PREFÁCIO Octavio Paz
CAPA E DESENHOS Manabu Mabe
COEDITORA Aliança Cultural Brasil-Japão
FORMATO 23 × 14 cm, 136 p.
ANO 1980

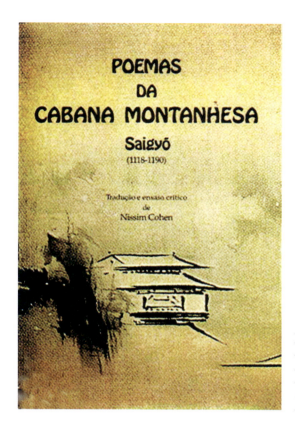

AUTOR Saigyō
TÍTULO *Poemas da Cabana Montanhesa*
TRADUÇÃO E INTRODUÇÃO Nissim Cohen
CAPA E ILUSTRAÇÕES Tova Cohen
COEDITORA Aliança Cultural Brasil-Japão
FORMATO 21 × 14 cm, 141 p.
ANO 1994

Ninguém editou tantos livros do gênero haicai no Brasil como Massao Ohno. Chegou a eleger para essa poética um formato gráfico (15 × 15 cm), que se tornou padrão, privilegiando nas capas ilustrações com referências orientais. Nesses projetos somou-se muitas vezes o apoio da Aliança Cultural Brasil-Japão, resultando em obras que contemplaram os clássicos japoneses e divulgaram praticantes brasileiros e da América Latina, por meio de antologias e obras individuais. Isso aconteceu a partir de *O Livro dos Hai-kais*, lançado em 1980, com traduções de Olga Savary para obras dos mestres MATSUO BASHŌ (1644-1682), Buson e Issa.

Outro clássico por ele editado foi *Poemas da Cabana Montanhesa*, primeira antologia de SAIGYŌ (1118-1190) em português, reunindo poemas de inspiração budista resultantes das viagens e contemplações do poeta pelo Japão medieval. O tradutor NISSIM COHEN (1930-2009), turco de origem judaica, veio para o Brasil 1958, após haver participado de duas guerras em Israel. Adepto do budismo, traduziu e escreveu diversas obras sobre o tema, entre os quais os poemas de Saigyō, que situa historicamente em longa introdução. As ilustrações são sumiês feitos por Tova Cohen, esposa do tradutor.

AUTOR L. C. Vinholes
TÍTULO *Menina Só*
APRESENTAÇÃO Do autor
CAPA/CONTRACAPA/ORELHAS Kenzo Tanaka
COEDITORA Aliança Cultural Brasil-Japão
FORMATO 16 × 15 cm, 122 p.
ANO 1994

Era natural que o haicai, poética enraizada na tradição cultural do Japão, chegasse ao Brasil com os imigrantes e fosse transmitida aos descedentes. Mas seu *status* literário se estabeleceu de forma lenta. NEMPUKU SATO (1898-1979), um dos primeiros divulgadores, não chegou à prática em língua portuguesa. Teve um discipulo, H. MASUDA GOGA (1911-2008), poeta e ativo jornalista, que iria levar adiante o legado e contar como aliada sua sobrinha TERUKO ODA (1945). Entre os brasileiros, Guilherme de Almeida foi um cultor do gênero, mas Jorge Fonseca Jr. se aproximou de forma mais sistemática de suas raízes com *Roteiro Lírico* (1939).

PEDRO XISTO (1901-1987) também pode ser considerado um pioneiro com publicações de haicais no *Diário Nippak* no final dos anos 1940. Quando o haicai se tornou referência para o movimento de vanguarda do concretismo, cuja linguagem encontrava no ideograma um modelo de síntese analógica, foi natural que Pedro Xisto se aliasse à causa com uma série de artigos na *Folha de Manhã*, em 1957, e marcasse produção nos dois campos com *Haikais & Concretos* (1960). Atuando como adido cultural no Japão e no Canadá, participou de atividades culturais e publicou seus poemas nesses países. Em *Partículas*, seu último livro, construiu, segundo Marcelo Tápia, "fusão peculiar entre a naturalidade (proveniente da familiarização com a forma original) e a engenhosidade que caracteriza sua visão acerca da poesia, voltada a relações entre elementos constituintes do textos".

Também ligado ao concretismo e promotor da cultura brasileira em diversos países, o músico de vanguarda e poeta LUÍS CARLOS VINHOLES (1933), viveu por muitos anos no Japão. Trouxe para ser editado por Massao *Menina Só*, que classificou como poema-livro ou livro-poema. São textos minimalistas assemelhados a haicais pela economia de linguagem, e se intercalam com a composição denominada "constelação só", constituindo-se num único e grande poema.

H. Masuda Goga (*Haicais*) e Teruko Oda (*Nos Caminhos do Haicai* e *Relógio de Sol*) se colocam como estudiosos, incentivadores do haicai e, igualmente, poetas que, em processo semelhante ao dos pintores da mesma origem, não se fecharam na tradição. Em busca de um caminho brasileiro para sua arte, se apropriaram de novos repertórios, se integraram ao meio e reconheceram diferentes paisagens. O Grêmio Haicai Ipê, fundado em 1987, serviu-lhes como veículo para preservar o interesse e difundir a prática poética em oficinas, concursos e publicações. A edição da antologia *As Quatro Estações* e seu desdobramento nos projetos mais ambiciosos de *100 Haicaístas Brasileiros* e *Antologia do Haicai Latino-americano* representam a concretização desse trabalho.

Outras coletâneas de haicais publicadas por Massao: *Haicais*, de Paulo Franchetti; *Haicais Para Amados Cães*, de Edith Arnhold; *Hai-kais Vagaluminosos*, de Abel Pereira; *Ramalhete de Haikais*, de Marisa Sarmento Silveira; *Tankas*, de Takuboku Ishikawa; *Amor Hai-kai*, de Baby Mota; *Hai-kais Brasilienses*, de Dolores Pires; *Os Limites de Reino*, de Magda Lugon; *Gotas de Orvalho* e *Relâmpagos*, de Gustavo Alberto C. Pinto; *Livro de Haikais*, de Marien Calixte; *Dô Caminho*, de J. B. Donadon Leal; *Haicais*, de Betty Feffer; e *Haicais e Que Tais*, de Carlos Seabra.

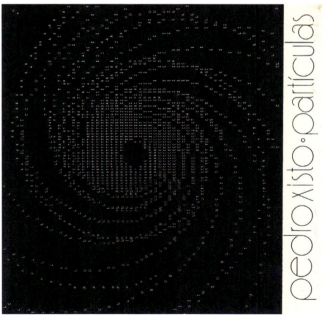

AUTOR Pedro Xisto
TÍTULO *Partículas*
ANTEPROJETO E CONCEPÇÃO DE CAPA Pedro Xisto
ORG. FINAL, PROJETO, ARTE E PRODUÇÃO Marcelo Tápia
CAPA Erthos Albino de Souza
FOTO DE AUTOR Pérola Wajnsztjn
FORMATO 15 × 15 cm, 378 p.
ANO 1984

AUTOR Teruko Oda
TÍTULO *Nos Caminhos do Haicai*
APRESENTAÇÃO Ledo Ivo
CAPA *Estação Azul*, de Kazuo Wakabayashi
COEDITORA Aliança Cultural Brasil-Japão
FORMATO 15 × 15 cm, 120 p.
ANO 1993

ORGANIZADORES Humberto Senegal, H. Musuda Goga. Roberto Saito e Francisco Handa
TÍTULO *Antologia do Haicai Latino-Americano*
CAPA E ILUSTRAÇÕES Massao Okinaka
COEDITORA Aliança Cultural Brasil-Japão
FORMATO 15 × 15 cm, 108 p.
ANO 1993

VII TEATRO, CINEMA, HUMOR E MÚSICA

COLEÇÃO TEATRO, que tinha Augusto Boal como orientador, registra momento especial da cena paulistana, com atuação de novas companhias, experiências de concepções cênicas e revelação de autores. Acácio Assunção e Tide Hellmeister cuidaram da apresentação gráfica, convocando diferentes ilustradores para cada número. Sem dúvida a capa mais original é a de Maria Bonomi para *Sem Entrada e Sem Mais Nada*. No caso de *A Semente* e *O Santo Milagroso* prevaleceu a ilustração documental, com reprodução de desenhos do cenário de Cyro del Nero para a primeira, e fotos de cena na segunda.

Procura-se uma Rosa nasceu de uma proposta do Teatro Santa Rosa, do Rio de Janeiro, aos autores para escrever um ato baseado em caso da rotina policial: o desaparecimento de Rosa numa estação de subúrbio e as buscas de seu amado. O desafio, aceito por Pedro Bloch, Vinicius de Moraes e Gláucio Gill, resultou em espetáculo que enfeixava com habilidade três estilos e teve boa resposta do público.

A encenação de *A Semente*, de GIANFRANCESCO GUARNIERI (1934-2006), ocorreu em conturbadas circunstâncias. Ele vinha de dois sucessos – *Eles Não Usam Black-tie*, no Arena, seguido de *Gimba*, com Maria Della Costa – quando Flávio Rangel lhe pediu uma peça para socorrer o Teatro Brasileiro de Comédia (TCB), em péssima situação econômica. Guarnieri foi fundo na prospecção das paixões e ideologias do proletariado urbano, pondo em cena uma situação de greve e a interferência do Partido Comunista. Sua visão extremamente crítica da estrutura social, empresarial e partidária encontrou resistências da censura, só superadas por manobras políticas de alto escalão. A encenação não agradou à ortodoxia católica, nem à comunista, mas retratava confrontos e incertezas latentes naquele momento. O público acorreu a uma longa e lotada temporada.

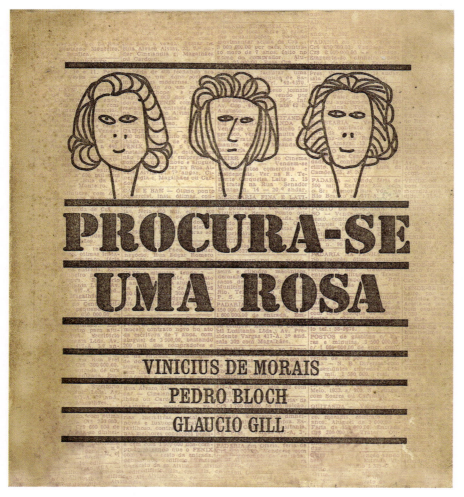

AUTORES Vinicius de Moraes, Pedro Bloch e Glaucio Gill
TÍTULO *Procura-se uma Rosa*
APRESENTAÇÃO Hélio Bloch
COLEÇÃO Teatro vol. 2
ORIENTAÇÃO Augusto Boal
DIREÇÃO ARTÍSTICA Acácio Assunção
ILUSTRAÇÃO Claudio Moura
FORMATO 20 × 18,5 cm, 104 p.
ANO 1961

AUTOR Gianfrancesco Guarnieri
TÍTULO *A Semente*
COLEÇÃO Teatro vol. 4
DIREÇÃO GERAL Humberto Kinjô
ORIENTAÇÃO Augusto Boal
DIREÇÃO ARTÍSTICA Acácio Assunção
CAPA E ILUSTRAÇÕES Cyro del Nero
INTRODUÇÕES Flávio Rangel, Cyro del Nero e Caetano Zama
FORMATO 20 × 18,5 cm, 120 p.
ANO 1961

As edições de *Sem Entrada e Sem Mais Nada* e *O Santo Milagroso* registram a volta das companhias para a nova dramaturgia nacional, confirmando a previsão de Boal no programa de *Gente Como a Gente*, de Roberto Freire: "O caminho está se impondo: escrever brasileiro, sobre temas nossos". ROBERTO FREIRE (1927-2008) já tinha se apresentado no Teatro das Segundas-Feiras do Arena, onde se testavam resultados do Seminário de Dramaturgia. Agora ganhava a encenação de *Sem Entrada e Sem Mais Nada* no Teatro Maria Della Costa, com direção de Antunes Filho e cenografia de Maria Bonomi, que ilustrou também a edição da peça.

Outro novato, LAURO CESAR MUNIZ (1938), chegava à cena do Teatro Cacilda Becker com *O Santo Milagroso*. Em 1963 ele ainda frequentava a Escola de Arte Dramática, e não acreditou quando soube que a grande atriz e Walmor Chagas, o diretor, se interessaram em sua história. Foi o início da longa carreira do dramaturgo e dessa peça, que se transformou num clássico, com versões para o cinema e televisão.

AUTOR Roberto Freire
TÍTULO *Sem Entrada e Sem Mais Nada*
Coleção Teatro vol. 3
ORIENTAÇÃO Augusto Boal
DIREÇÃO ARTÍSTICA Acácio Assunção
ILUSTRAÇÃO Maria Bonomi
FORMATO 20 × 18,5 cm, 108 p.
ANO 1961
Reprodução da capa e contracapa.

AUTOR Lauro Cesar Muniz
TÍTULO O Santo Milagroso
COLEÇÃO Teatro vol. 5
PLANEJAMENTO GRÁFICO Tide Hellmeister
ILUSTRAÇÕES Foto de cenas do espetáculo encenado pela Companhia Cacilda Becker
APÊNDICE Apreciações críticas sobre o espetáculo
FORMATO 20 × 18,5 cm, 82 p.
ANO 1963

AUTORES José Celso Martinez Correa, Décio de Almeida Prado, Augusto Boal, Ronald Daniel e outros
TÍTULO *A Vida Impressa em Dólar*
FORMATO 23 × 16 cm
ANO Agosto, 1961
Reprodução da capa e contracapa.

Os *Cadernos de Oficina*, publicação que acompanhou a estreia de *A Vida Impressa em Dólar*, de Clifford Odets, em 1961, é documento de fundação do Teatro Oficina como companhia profissional, com aquisição da sede na Rua Jaceguai e confirmação de José Celso como encenador do grupo. A preferência por textos estrangeiros, como esse, não elidia relações com a realidade brasileira, como demonstrou o ápice dessa política de repertório, *Pequenos Burgueses*, de Górki.

AUTORES Paulo Emílio Sales Gomes, Fernando Novais, Marcos Marguliès e equipe da Cinemateca Brasileira
TÍTULO *Cinema Polonês Hoje*
CAPA E COMPILAÇÃO DE ILUSTRAÇÕES Acácio Assunção
FORMATO 22,5 × 14,5 cm, 148 p.
COEDITORA Cinemateca Brasileira
ANO Agosto, 1962

AUTORES José Eduardo Marques de Oliveira e outros
TÍTULO Cinema Japonês
CAPA E COMPILAÇÃO ICONOGRÁFICA Braz Dias
FORMATO 22,5 × 13,5 cm, 88 p.
COEDITORES Cinemateca Brasileira e Ministério das Relações Exteriores do Japão | Sociedade de Intercâmbio Cultural Internacional do Japão
ANO Março, 1964

Três obras de excepcional qualidade gráfica, com as marcas de Acácio Assunção, Tide Hellmeister e Braz Dias registram a aproximação de Massao de cinematografias pouco exibidas no circuito comercial, que ganharam interesse, no início dos anos 1960, com a expansão da cultura cinematográfica, apoiada pelas Cinematecas do Rio e São Paulo e disseminada nos cineclubes. As parcerias de Massao para edição dessas obras, que tiveram a intermediação de Sergio Lima, ligado à Cinemateca Brasileira, ocorrem quando a crítica, os prêmios internacionais e o impacto de alguns filmes influenciaram distribuidores a programá-los.

Cinema Polonês mostra que o renascimento do cinema naquele país, no pós-guerra, notado com *Canal* (1957) e *Cinzas e Diamantes* (1958), de Andrzej Wajda, e *Madre Joana dos Anjos* (1960), de Jerzy Kawalerowicz, tinha muito mais a oferecer.

O cinema japonês, exibido na colônia (em São Paulo com salas das principais produtoras), começara a ganhar adeptos de fora, graças às descobertas do atento crítico Ruben Biáfora. Quando *Rashomon* (1951), de Akira Kurosawa, venceu o Festival de Veneza e o Oscar, ampliou caminho para a divulgação e o reconhecimento de outros diretores. A edição de *Cinema Japonês*, que tinha patrocínio oficial, coincidia com a programação de um Festival de Cinema Japonês em várias cidades do país.

Cinema Britânico, também publicação de cunho oficial, com matéria do Conselho Britânico, tinha o objetivo de dar aos "interessados uma rápida visão de conjunto dessa cinematografia, e, aos especialistas, informação precisa para seus trabalhos". Mostrava que o predomínio do cinema americano tinha ofuscado importantes contribuições de Alexander Korda, Carol Reed, David Lean, Laurence Olivier, Alberto Cavalcanti e outros.

AUTORES Equipes da Cinemateca
    Brasileira e da Filmoteca do Museu
    de Arte Moderna do Rio de Janeiro
TÍTULO *Cinema Britânico*
PLANEJAMENTO GRÁFICO Tide Hellmeister
FORMATO 31 × 11,5 cm, 56 p.
COEDITORES Cinemateca Brasileira e Cinemateca
    do Museu de Arte Moderna do Rio de Janeiro
ANO Agosto, 1963

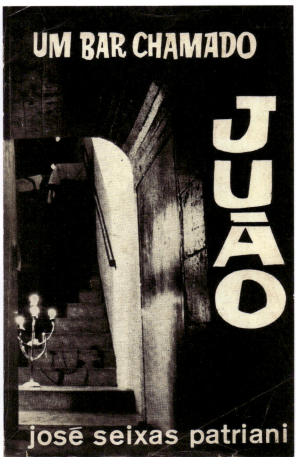

AUTOR José Seixas Patriani
TÍTULO *Um Bar Chamado Juão*
LAYOUT Carlos Von Schmidt
CAPA E ILUSTRAÇÃO FOTOGRÁFICA
  Dulce G. Carneiro
LETRISTA Nelson Sales
FORMATO 23 × 14 cm, 150 p.
ANO Agosto, 1964

A obra não entrega o que é sugerido pelo título: a crônica da casa da Rua Major Sertório, onde Paulo Cotrin criou novo espaço de encontro na noite paulistana, logo transformado em grande sucesso. Marcado pelo piano de Pedrinho Mattar, ali se apresentaram Chico Buarque, Elis Regina, Cesar Camargo, Toquinho, Geraldo Vandré, Ana Lúcia, Claudette Soares e Alaíde Costa, e aconteceram performances, como a de Wesley Duke Lee na exposição de ligas luminosas.

O jovem JOSÉ SEIXAS PATRIANI era frequentador do Bar, mas daí tirou apenas o título e inspiração para as narrativas do primeiro capítulo. Na introdução indica seu foco: "Fixei-me numa faixa determinada – a juventude de nossas duas grandes metrópoles. Essa juventude que não anda bem, acossada de angústia". E nesse diapasão os personagens se movimentam pelas cidades do Rio e de São Paulo, marginais, desajustados ou simplesmente solitários. As narrativas são curtas, secas, realistas, muitas vezes atravessadas por lirismo e compaixão.

Mesmo sem fazer jus ao título, o livro encontrou leitores, e chegou à segunda edição. Do João Sebastião Bar restou o flagrante fotográfico da capa/contracapa, clicado por Dulce G. Carneiro, onde aparece o emblemático candelabro. Não consta que Patriani tenha publicado outras obras.

Tratando de música, *O Negro e a Música*, de EDUARDO VIDOSSICH (1924) trazia realmente uma contribuição. Esse austríaco-suíço viveu muitos anos em São Paulo. Exímio pianista e grande conhecedor de jazz e música negra, foi membro do International Jazz Clube e correspondente de jornais e revistas especializadas. Na década dos anos 1980 fixou residência em Blumenau. Além dessa obra, publicou *O Jazz na Garoa* (1966), *Sincretismos na Música Afro-Americana* (1975) e *A História Contra a História – O Eixo Roma-Berlim* (1995).

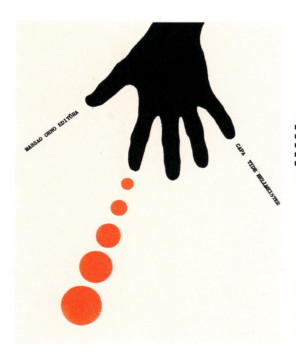

AUTOR Eduardo Vidossich
TÍTULO *O Negro e a Música*
CAPA E CONTRACAPA Tide Hellmeister
FORMATO 27 × 21 cm, 76 p.
ANO 1964

TEATRO, CINEMA, HUMOR E MÚSICA

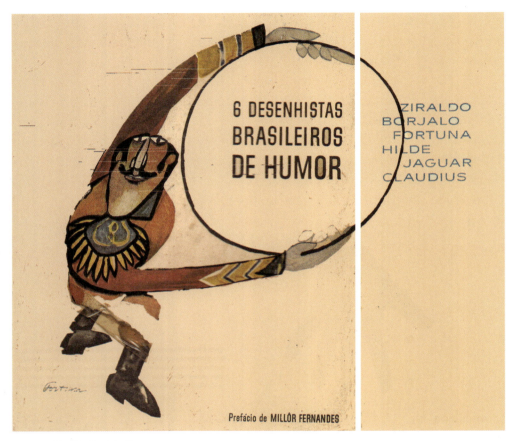

AUTORES Ziraldo, Borjalo, Fortuna, Hilde, Jaguar e Claudius
TÍTULO *6 Desenhistas Brasileiros de Humor*
PREFÁCIO Millôr Fernandes
CAPA E LAYOUTS Fortuna
FORMATO 24,5 × 19,5 cm, 80 p.
COEDITOR Sérgio G. Canton
ANO Maio, 1962

AUTOR Zé Pedro (José Pedro de Oliveira Costa)
TÍTULO *Desenhos Musicados*
PREFÁCIO Millôr Fernandes
CAPA Do autor
FORMATO 30 × 20 cm, 90 p.
ANO 1976

"É um clássico entre os livros de desenhos de humor", segundo o colecionador João Antônio Buhrer. "E tem como prefaciador Millôr Fernandes. Massao gostava muito de livro bem ilustrado, sendo assim não é nada estranho encontrar um livro de cartuns em seu extenso catálogo. Esta obra reunia os cartunistas que estavam ocupando o espaço dos antigos cartunistas, significavam a renovação nas artes gráficas naquela época. A saber, Jaguar, Fortuna, Claudius, Borjalo, Ziraldo e Hilde. Borjalo e Hilde estavam em plena maturidade, mas os outros ainda não tinham chegado no seu estilo consagrado. Foi no *Pasquim* que eles atingiriam sua maturidade plena."

Desenhos Musicados também tem como prefácio um desenho de Millôr Fernandes enviado ao autor, JOSÉ PEDRO DE OLIVEIRA COSTA (1945), que, com o codinome popular de Zé Pedro, mostrava sua faceta humorística, ilustrando e parodiando velhas canções do rádio. Por traz desse autoenganoso disfarce estava o arquiteto e urbanista que se tornou um dos mais respeitados ambientalistas brasileiros, líder de importantes projetos de conservação, com atuação na área pública e acadêmica. Mais de trinta anos separam a publicação desse seu primeiro livro e a volta do desenhista Zé Pedro em *Cena Macaca* (2007).

VIII INTERVALO CINEMATOGRÁFICO

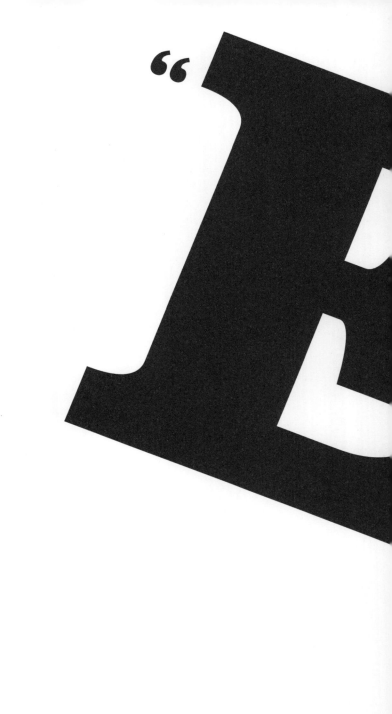

LE EDITOU *O PÁSSARO E O NÁUFRAGO* antes de me conhecer. Deixei os originais do livro com um amigo que, impaciente com a morosidade da editora que iria publicá-lo, mostrou a poesia para Massao, que em seguida mandou um caixote de livros para a chácara em Apipucos. Belíssimas edições, especialmente as edições de Renata Pallottini e Hilda Hilst. No fundo da embalagem, o boneco do meu primeiro livro misturando papel-jornal com papel Fabriano e com ilustrações primorosas de Braz Dias. Deslumbrei-me."

As lembranças de Aurora Duarte (*Faca de Ponta*, 2000), mostram que Massao sabia seduzir seus autores. Mas, nesse caso, ele também seria seduzido. Esta foi uma das últimas edições da primeira fase da editora, a da oficina da Rua Vergueiro, marcando guinada de vida, em companhia da atriz, para o cinema. Sua atividade editorial ficou praticamente suspensa até 1973.

AURORA DUARTE (1933), descoberta por Alberto Cavalcanti, em 1952, para protagonizar *O Canto do Mar*, tinha uma carreira com prestígio em filmes de ação, como *Armas da Vingança* e *Crepúsculo de Ódios*, ambos de Carlos Coimbra; *Fronteiras do Inferno*, de Walter Hugo Khouri, e *A Morte Comanda o Cangaço*, também de Coimbra, do qual foi coprodutora – grande sucesso do ciclo Nordeste, com repercussão internacional. Estava naquele momento envolvida no projeto de *Riacho do Sangue,* para o qual chamou o diretor Fernando de Barros.

Com *O Pássaro e o Náufrago* fazia sua estreia literária. Lançado em Recife e em São Paulo, foi, segundo a autora, "um êxito editorial, e o projeto gráfico foi elogiado unanimemente, o que não aconteceu com o conteúdo…" Massao decide acompanhá-la de volta ao Recife, assumindo a produção executiva de *Riacho do Sangue*. Tempo também de fazer sua experiência no documentário, dirigindo *O Novo Nordeste*, com fotografia de Geraldo Gabriel.

Os investimentos na produção de *Riacho do Sangue* não tiveram o retorno desejado, mas Massao e Aurora persistiram no ramo com uma distribuidora, que seguiu até 1974. Distribuíram filmes clássicos japoneses e brasileiros pouco comerciais, como *Esse Mundo É Meu* (1964), de Sérgio Ricardo, e *A Margem* (1967), de Ozualdo Candeias, e coproduziram dois filmes de Fernando Coni Campos: *Viagem ao Fim do Mundo* (1967) e *Uma Nega Chamada Tereza* (1973).

AUTOR Aurora Duarte
TÍTULO *O Pássaro e o Náufrago*
DIAGRAMAÇÃO E ILUSTRAÇÕES Braz Dias
FORMATO 31 × 18 cm, 52 p.
 Algumas páginas do miolo são de formato diferenciado – 31 × 10 cm e em 4 cores.
ANO 1964

Aurora Duarte
Testamento Insensato

AUTOR Aurora Duarte
TÍTULO *Testamento Insensato*
PREFÁCIO Ignacio de Loyola Brandão
CAPA *Silêncio*, óleo de Alina Okinaka
FORMATO 14 × 21 cm, 80 p.
ANO 1993

A atividade cinematografica de Massao inclui também participação (não creditada) na produção de *O Bandido da Luz Vermelha* (1968), de Rogério Sganzerla, que, como Fernando Coni Campos, Ozualdo Candeias e Júlio Brassane, faz parte do grupo radical do novo cinema brasileiro. Radicais no "fazer", assumindo a precariedade de recursos, e no "pensar", inovando a linguagem e desafiando o espectador.

Quando Massao editou *Cinepoética*, de JULIO BRESSANE (1946), os filmes dessa estirpe de provocadores já tinham sido assimilados aos cânones históricos do cinema brasileiro. Reflexões sobre o trabalho de Bressane vinham em textos de Augusto de Campos, Décio Pignatari, Haroldo de Campos, Régis Bonvicino, Torquato Neto, Caetano Veloso, Jean-Claude Bernardet, Fernão Pessoa Ramos, Ivan Cardoso, Hélio Oiticica, Sérgio Augusto e outros. O lançamento do livro ocorreu com a pré-estreia em São Paulo de seu novo filme *O Mandarim*, inspirado na vida do cantor Mário Reis, seguido de uma retrospectiva completa da obra do cineasta.

Dois anos antes, Massao havia editado a biografia de ANSELMO DUARTE (1920-2009). Nada menos marginal do que a carreira desse ator e diretor, protagonista do moderno cinema brasileiro, que começou na Atlântida, passou pela Vera Cruz e chegou ao Cinema Novo, quando alcançou seu maior êxito, *O Pagador de Promessas*, único filme brasileiro a receber a Palma de Ouro no Festival de Cannes.

Seu *Adeus Cinema* mescla histórias saborosas, idiossincrasias e desencanto com a recepção da intelectualidade à sua obra e com o ostracismo de mais vinte anos sem filmar. Nunca teve uma fortuna crítica com nomes que Bressane conseguia alinhar. Mas conseguia sobrepassar essa rejeição com ironia. No retorno de sua viagem a Cannes, entrou certa noite no restaurante La Fiorentina, em Copacabana, reduto de intelectuais e gente da classe artística. Nenhuma reação ou olhar de curiosidade. Ao que ele comentou: "É fácil agradar em Cannes; difícil é agradar no Fiorentina".

Nesse "intervalo cinematográfico", que vai de 1965 a 1975, poucas foram as edições de Massao. Entre elas, duas iniciativas de Francisco Luiz de Almeida Salles, uma personalidade muito admirada pelo editor. A pequena tiragem, a execepcionalidade gráfica e a referência comemorativa caracterizavam os títulos para colecionadores.

ORGANIZADORES Bernardo Vorobow e Carlos Adriano
TÍTULO Cinepoética
CAPA Foto de Ivan Cardoso
FORMATO 23 × 13 cm, 227 p. (incluindo fotos)
ANO 1995

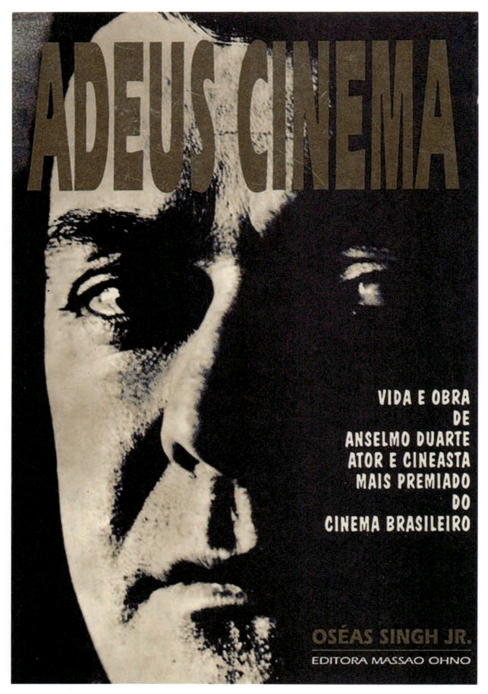

AUTOR Oséas Singh Jr.
TÍTULO *Adeus Cinema –
    Vida e Obra de Anselmo Duarte*
CAPA Foto de Eugene Anthony
FORMATO 21 × 14 cm, 207 p.
ANO 1993

De LIVIO XAVIER (1900-1988), histórico jornalista e militante da esquerda, que marcava 75 anos de vida, uma longa entrevista com Almeida Salles o reconduz à infância em Granja, no Ceará, recupera antigas fotos, ganha ilustração de Aldemir Martins e se transforma em livro.

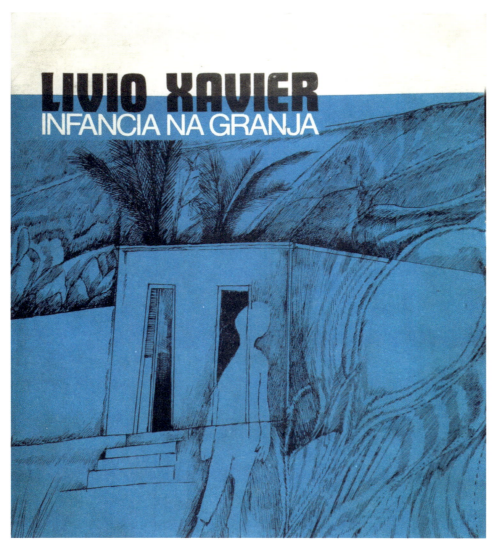

AUTOR Livio Xavier
TÍTULO *Infância na Granja*
CAPA Aldemir Martins
FORMATO 27,5 × 24 cm, 118 p.
ANO 1974

Conversa edificante entre Francisco Luiz de Almeida Salles e Livio Barreto Xavier, ou possível introdução a um livro de memórias do segundo. quinhentos exemplares, sendo os cem primeiros numerados e assinados pelos autores, ilustrador e editor, acompanhado de uma água-forte original de Aldemir Martins. Apresentação e entrega dia 25 de abril de 1974 na Galeria Fernando Millan, São Paulo.

autor Francisco Luiz de Almeida Salles e Dulce Carneiro
título *Rebolo*
formato 53 × 35,5 cm, 18 p.
ano 1973
Esta edição comemorativa, de trezentos exemplares, é acompanhada de uma litogravura 1/50 numerada e assinada pelo artista. São Paulo, 10 de abril de 1973, inauguração da grande mostra retrospectiva, realizada no Museu de Arte Moderna de São Paulo.

Os quarenta anos de pintura de Francisco Rebolo Gonsales merecem um álbum em grande formato, impresso em cartão, com retratos do pintor de DULCE CARNEIRO (1929-2018), entremeando o franco panegírico que lhe dedica FRANCISCO LUIZ DE ALMEIDA SALLES (1912-1996). Cinquenta exemplares vinham acompanhados de litografias assinadas por Rebolo.

Também os quarenta anos de pintura de Fúlvio Pennacchi e os 35 anos de pintura no Brasil de Walter Levy foram comemorados com álbuns editados pelo Museu de Arte de São Paulo, com coordenação técnica de Massao.

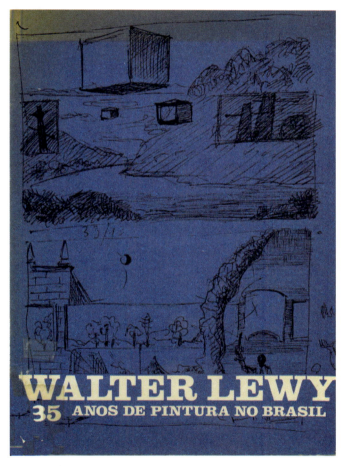

TÍTULO *Walter Lewy – 35 Anos de Pintura no Brasil*
FORMATO 26,5 × 19 cm, 70 p.
ANO 1974
Editado por ocasião da mostra realizada no Museu de Arte Moderna de São Paulo em março de 1974, com coordenação editorial de Lisbeth Rebollo Gonçalves, incluindo prefácio de Delmiro Gonçalves, depoimento do artista, reprodução de obras e críticas e apresentação de Olney Kruse, com coordenação técnica e design de Massao Ohno.

INTERVALO CINEMATOGRÁFICO

IX 1976:
O RETORNO

DEPOIS DE MAIS DE TRÊS ANOS de esparsa atuação como editor, Massao voltou à cena de maneira literalmente espetacular com a Primeira Feira Paulista de Poesia e Arte, que aconteceu no Theatro Municipal de São Paulo nos dias 8, 9 e 10 de novembro de 1976.

A proposta inicial do Museu de Imagem e do Som (MIS) era fazer uma retrospectiva das edições de Massao. Mas ele não se considerava tão velho para esse tipo de homenagem. Preferiu fazer o lançamento de novos autores. Sua sensibilidade lhe dizia que havia algo no ar, que alguma coisa nova poderia surgir dessa mostra, e tinha a intenção de transformar a feira em manifestação de âmbito nacional, levando-a para o Rio de Janeiro, no Museu de Arte Moderna, e para Belo Horizonte, na Universidade Federal de Minas Gerais.

Em entrevista ao *Jornal da Tarde* (5.10.1976), falava de sua vontade antiga de fazer a cidade amanhecer com poemas nos *outdoors*, ao invés de anúncios de massa de tomate, desodorantes e calcinhas. Pelos delírios de Massao ou pelas dimensões que o projeto foi ganhando, a verdade é que a diretora do MIS, a artista plástica Lourdes Cedran, não se sentiu confortável, e o evento foi transferido para o Theatro Municipal. Para a organização Massao contou com o apoio de Claudio Willer, Oswaldo Pepe, Augusto Peixoto e Maninha Cavalcante.

AUTOR Regina Vater
TÍTULO *O Que É Arte? São Paulo Responde*
CAPA Regina Vater
COEDITOR Eduardo Martins de Carvalho Filho
FORMATO 26,5 × 21,5 cm, 82 p.
ANO 1978

Esse monumento da tradição artística paulistana ganhava visibilidade, além de conotações com a Semana de Arte Moderna de 1922. A dessacralização *pop* desse espaço foi sinalizada logo no saguão por enorme painel de Jimi Hendrix. Mas não se concretizou outro desejo de Pepe: cercar o teatro com rolos de arame farpado, para serem cortados na inauguração pelo Secretário de Cultura, numa alusão à vigente ditadura militar.

Propostas como essas se afinavam com o clima de festa e transgressão que se instalou no Theatro, ocupado por tribos pouco habituais, jovens em maioria, estimados em treze mil pessoas, que durante os três dias circulavam à vontade pelos salões, *foyers*, galerias e coxias, extrapolando o horário previsto de funcionamento.

A exposição de pintores, gravadores, desenhistas e fotógrafos trazia gente conhecida como Volpi, Scliar, Rebolo, Maria Bonomi, Tomie Ohtake, Tomoshigue Kusuno, Tide Hellmeister e muitos novos. No palco, espetáculo do Ballet Stagium, música do Traditional Jazz Band e do Coral Martin Luther King, entremeados de leituras de poemas. Pelos diversos espaços, a interferência performática de Ivald Granato fantasiado de macaco. Em meio àquela multidão em trânsito, as coisas fugiam do controle, com tentativas de *strip-tease* e a inesperada "performance" de Tavinho Paes, que entrou no palco e urinou calmamente iluminado por um *spot*.

O flagrante fotografado circulou nos jornais, e chegou aos escalões oficiais como afronta capaz de abalar as posições do Prefeito Olavo Setúbal, do Secretário de Cultura, Sábato Magaldi e do Administrador do Teatro, Maurice Vaneau. Magaldi veio a público com um longo "Eu Explico" ao *Jornal da Tarde*, onde passava sem mencionar esse pequeno escândalo, preferindo elencar outros feitos de sua pasta.

No último dia da Feira, Massao Ohno considerava alcançados os objetivos do "encontro entre diferentes correntes artístico-literárias e de faixas de público, numa tentativa de proporcionar uma visão ampla do que vem sendo feito em São Paulo em termos de criação poética e de outros setores da produção artística". Mais que isso. Especialmente para os jovens, pressionados pelo ambiente de autoritarismo e censura, o evento deu vazão a posturas anárquicas e rebeldes, a sentimentos explícitos de inconformidade.

Nas bancas da Feira se encontravam autores que comungavam esses sentimentos e também argumentos mais objetivos, como os contidos em *São Paulo 1975 – Crescimento e Pobreza*, de diversos autores, com apresentação de Dom Paulo Evaristo Arns, levantando as condições de vida e trabalho da população da cidade, cuja edição tinha projeto gráfico de Massao.

Como balanço do evento, ele editou posteriormente setecentos exemplares de *O Que É Arte: São Paulo Responde* (p. 180), em que foram reproduzidas em forma manuscrita 105 respostas de pessoas que visitaram a Feira, coletadas por Regina Vater.

Editados por Massao, foram lançados na Feira de Poesia e Arte: *Dias Circulares*, de Claudio Willer (p. 72); *Abra os Olhos e Diga Ah*, de Roberto Piva (p. 66); *Menina e Seu Mundo*, de Dora Ferreira da Silva (p. 186); *Benvindo,* de Ruy Pereira (abaixo); *Equilíbrio das Pedras*, de Maria das Graças Biatto; *Venham Borboletas*, de Regina Helena da Cunha Lima; *O Equivocrata*, de Raul Fiker; *Elegíada*, de Antonio Teófilo (p. 185); *São Paulo de Andrade*, de João Farkas; *Lunalunarium*, de Maria José de Carvalho (p. 183); *Adol (Essência),* de Eduardo Gianetti Fonseca; e *10 Poemas*, de Livio Xavier, uma edição bilíngue de trezentos exemplares *hors comerce* em papel Vergê 180 g, ilustrada por Noemia Mourão.

Uma nova editora, Meta, por trás do qual também estava Massao, lançou *Coração Americano*, de Renata Pallottini (p. 185), *As Pessoas, as Palavras*, de Eunice Arruda (p. 185), e *O Grande Silêncio*, de Roberto Saito.

De outras editoras vieram o citado *São Paulo 1975, Véspera de Aquárius*, de Jorge da Cunha Lima; *O Ser Desumano*, de Otoniel Santos Pereira; *Louvação*, de Francisco Luiz de Almeida Salles; *Estatutos do Homem*, de Thiago de Mello; e *O Último Cantor*, de Carlinhos Vergueiro.

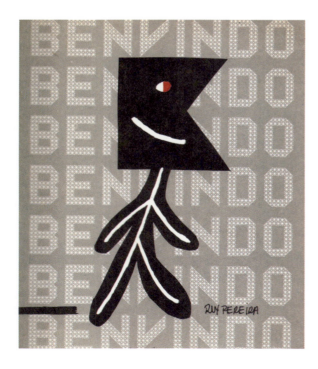

AUTOR Ruy Pereira
TÍTULO *Benvindo*
APRESENTAÇÃO Ignacio de Loyola
CAPA E DESENHOS do autor
FORMATO 26 × 22 cm, 68 p.
ANO 1976

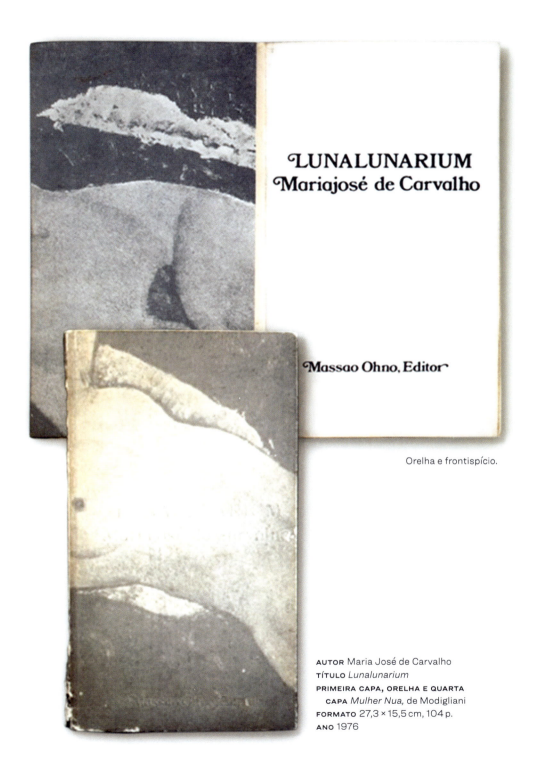

Orelha e frontispício.

AUTOR Maria José de Carvalho
TÍTULO *Lunalunarium*
PRIMEIRA CAPA, ORELHA E QUARTA CAPA *Mulher Nua,* de Modigliani
FORMATO 27,3 × 15,5 cm, 104 p.
ANO 1976

Renata Pallottini lendo seus poemas em um dos recitais da Feira de Arte e Poesia, realizada no Theatro Municipal de São Paulo, 1976.

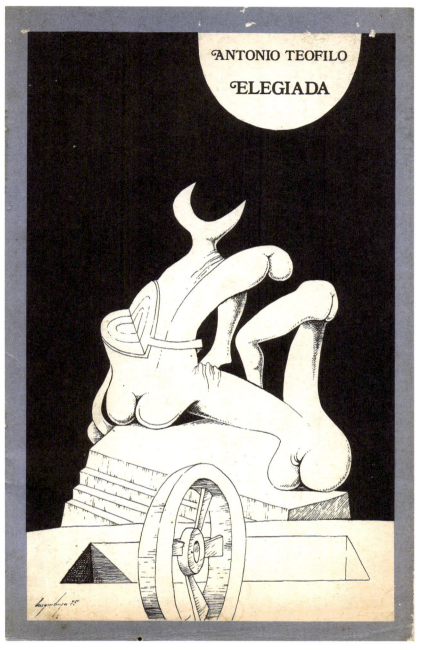

autor Eunice Arruda
título *As Pessoas, as Palavras*
capa Desenho de Noêmia
formato 27 × 15 cm, 15 p.
ano Novembro, 1976
Embora preparada pela Meta –
Editora de Letras e Artes,
foi lançada por Massao Ohno

autor Antônio Teófilo
título *Elegíada*
coordenação editorial Maria Alice Vergueiro
arte e diagramação Ruy Pereira
capa e ilustrações Cruzeiro Seixas
foto André Boccato
coeditores Valdemar Mello e Carlos Tinoco
formato 27 × 17 cm, 110 p.
ano 1976

autor Renata Pallottini
título *Coração Americano*
formato 27 × 15 cm, 30 p.
ano Novembro, 1976
Embora preparada pela Meta –
Editora de Letras e Artes,
foi lançada por Massao Ohno.

autor Dora Ferreira da Silva
título *Menina Seu Mundo*
desenhos Inezita
formato 36 × 31 cm, 52 p.
ano 1976

Era esperado que Massao, na volta à atividade editorial, reencontrasse DORA FERREIRA DA SILVA (1918-2006). Dora já havia encontrado Massao em 1962, quando escreveu "Duas Experiências do Angélico", prefácio de *Sete Contos do Poeta Para o Anjo,* de Hilda Hilst, mas *Menina Seu Mundo* foi seu primeiro livro com a chancela do editor, lançado na tumultuada Feira de Poesia e Arte, em 1976.

Vieram depois *Talhamar* e *Poemas em Fuga*. No primeiro, em que predominam conexões com o imáginário da cultura helênica, Massao encontrou para a capa uma iconografia da Magna Grécia: a pintura do Túmulo do Mergulhador, onde ficou registrado o flagrante misterioso do salto. Por outro lado, a aparência convencional da capa de *Poemas em Fuga* se defaz, quando se reconhece o retrato da própria autora, sem pudor da carícia nas flores de seu jardim.

Ela podia ser vista como madrinha da geração que se iniciara nos anos 1960, quando, com o marido Vicente Ferreira da Silva, fez de sua casa na Rua José Clemente, nos Jardins, um cenáculo aberto para encontro e debate. Foi o antenado Roberto Piva que deu a pista para os companheiros. E lá se introduziram Claudio Willer, Jorge Mautner, Rodrigo de Haro, Paulo del Greco, Antônio de Franceschi, Decio Bar, Carlos Felipe Moisés, Rubens Rodrigues Torres Filho, Celso Luiz Paulini, Eunice Arruda e outros em meio a heteróclita frequência de padres, políticos, professores, filósofos e poetas, para acompanhar as tertúlias sobre filosofia, história das religiões, antropologia, arte e literatura, e descobrir autores pouco frequentes nas leituras da época como Rilke, Saint-John Perse, T. S. Eliot e D. H. Lawrence.

Em 1955, o casal lançou com Milton Vargas a revista *Diálogo*, onde, ao lado de ensaios sobre filosofia, religião e arte, havia lugar para jovens colaboradores: os concretistas com mostragem de sua produção, Paulo del Greco publicando uma tradução de Eliot; Ruy Apocalipse, um poema inédito; Jorge Mautner, fragmentos de *O Deus da Chuva e da Morte*, e Claudio Willer estreando com tradução de D. H. Lawrence e dois poemas seus.

Com a morte prematura de seu companheiro em 1963, Dora assumiu o papel de agregar pessoas e estimular o pensamento e a criação, imbuída do sentimento missionário e redentor de que "beleza é verdade; verdade é beleza". Sua energia se alimentava de fontes heterogêneas, como a herança clássica grega, os voos místicos de Silesius e São João da Cruz e as teorias de Jung – como indicam traduções que fez desses autores. E de uma grande admiração por Rilke, do qual traduziu *Elegias de Duíno* e *Vida de Maria*.

Lançou com a colaboração de Vilém Flusser e Anatol Rosenfeld a revista *Cavalo Azul*, que durou doze números, o último deles editado por Massao em 1989. Cavalo Azul também foi o nome do Centro de Estudos que criou em 2003, atraindo professores e poetas.

autor Dora Ferreira da Silva
título *Talhamar*
capa Pintura grega descoberta em 1958 no Túmulo do Mergulhador, em Pestum, hoje Província de Salerno
cooeditora Roswitha Kempf
formato 22 × 14 cm, 88 p.
ano 1982

AUTOR Dora Ferreira da Silva
TÍTULO *Poemas em Fuga*
APRESENTAÇÃO Ledo Ivo
FORMATO 20 × 14 cm, 88 p.
ANO 1997

Quando Massao publicou os álbuns de estreia dos desenhistas de HQ SÉRGIO MACEDO (1951) e de XALBERTO – CARLOS ALBERTO DE OLIVEIRA (1952), eles já haviam chegado ao veículo de maior prestígio desse gênero naquela época, o *Grilo*. Sérgio publicando em forma de seriado *O Karma de Gaargot*, e Xalberto trazendo dos Estados Unidos para o *Almanaque Underground* do *Grilo* histórias de Richard Corben, Jaxon e outros da revista *Slow Death*, mais voltada para o terror e a ficção científica.

Nos anos 1970 a revista *Grilo* foi, juntamente com *O Pasquim*, importante referência para a nova geração de desenhistas brasileiros. Num momento de sufoco e censura, *Grilo* acolhia reações estéticas e políticas vazadas numa postura contracultural em relação a drogas, sexo, questões ecológicas e sociais. A revista durou dois anos e 48 edições. Introduziu autores ainda pouco conhecidos como Wolinski, Feiffer, Crepax e Corben, mas publicou poucos brasileiros. Sérgio Macedo foi um desses poucos.

Nas mãos de Massao *O Karma da Gaargot* transformou-se em álbum com o tratamento gráfico primoroso em pranchas de diferentes tipos de papel separadas com folhas de seda, realçando os detalhes e tramas de um desenho definitivamente inovador com uso de bico de pena, pincel e pontilhismo. Esse desenho combinado com liberdades linguísticas, como se criasse um português do futuro, compunha narrativa sobre uma socidade industrial distópica, cuja rígida organização é ameaçada pelo aparecimento de um artefato desconhecido. Clara alegoria àqueles tempos de ditadura, que também tocava com premonição na questão ambiental.

O Karma de Gaargot anunciava o que seria depois reconhecido como "quadrinho filofófico". Mas Sérgio não ficou por aqui. Transferiu-se em 1974 para a França e, a partir de sua colaboração nas revistas *Métal Hurlant* e *Circus*, alcançou posição no circuito internacional da HQ. No Brasil voltou apenas a publicar o álbum *Xingu*, resultado de sua viagem e convivência com os indígenas dessa reserva.

Xalberto tinha publicado os principais *Contos de Nenhum Lugar* na revista *Balão*, criada por um grupo de universitários, que incluía Laerte, Paulo e Pedro Caruso e Luiz Gê, e notada pela audácia do grafismo e dos temas. Tinha chegado com os originais ainda em inglês, como apresentara a uma editora americana, onde foi gentilmente recusado. Aprimorou os desenhos dessas histórias que ele chamou de "remanescentes da Era de Aquarius ... destroços dos tempos psicodélicos", visando publicá-la em forma de álbum.

A primeira pessoa que lhe ocorreu foi Massao. Lembra-se que, quando lhe apresentou o projeto, ele olhou superficialmente e disse: "O importante é fazer".

autor Sérgio Macedo
título *O Karma de Gaargot*
capa do autor
formato 31 × 22 cm, 44 p.
ano 1973

1976: O RETORNO

Foi do editor a ideia de usar a cor prata de fundo em papel couchê, embelezando de "forma luxuosa" aqueles quadrinhos – segundo o autor.

Para impressão de seu novo álbum *Íncaro*, Xalberto iniciou tratativas com Massao, mas acabou passando o projeto para um amigo que se mostrou despreparado para a tarefa. O resultado final, depois de muitos tropeços, foi razoável, com uma bela arte de aerógrafo de Roberto Sian na capa. Respeitando o fato de ter iniciado o trabalho com Massao, o autor decidiu lhe fosse dado o crédito como editor.

AUTOR Xalberto
TÍTULO *Contos de Nenhum Lugar*
CAPA do autor
FORMATO 26,5 × 21,5 cm, 82 p.
ANO 1978

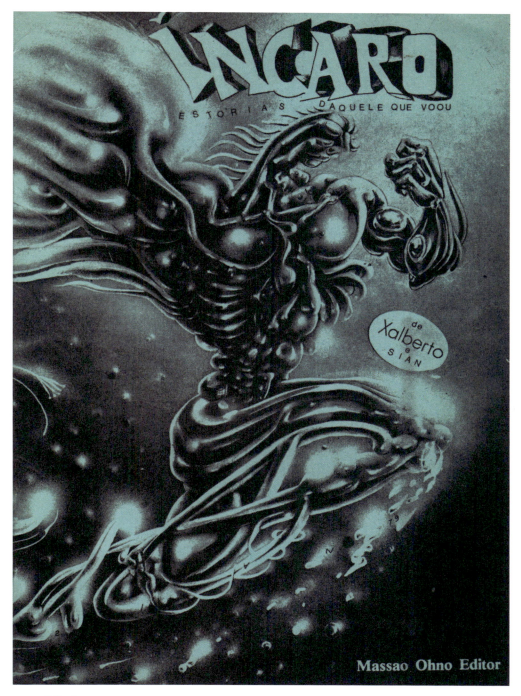

AUTOR Xalberto
TÍTULO *Íncaro – Estórias Daquele que Voou*
CAPA Roberto Sian
FORMATO 31 × 22 cm, 36 p.
ANO 1979

✕ **PARCERIAS NO RIO**

O INÍCIO DOS ANOS 1980, Massao recebeu convite de ÊNIO SILVEIRA (1925-1996) para se associar à Editora Civilização Brasileira. Era sua oportunidade de ultrapassar os limites paulistanos e ganhar um sistema de distribuição organizado, falha que reconhecia em sua editora. O acordo permitiu que continuasse com edições independentes, ao mesmo tempo que trabalhava em coedições com a Civilização.

Essa editora construíra em três décadas uma marca respeitada. Estava nos anos 1950 entre as principais, e chegou à posição de mais importante veículo da literatura brasileira, especialmente no gênero de ficção. Ousou também com enorme êxito projetos de literatura estrangeira, como as edições de *Ulisses*, de Joyce, e *Lolita,* de Nabokov, e inovou graficamente com a contribuição do designer Eugênio Hirsch.

Sua penetração aumentou com publicações de cunho sociológico, econômico e político nos anos 1960, que não escondiam a filiação comunista de Ênio Silveira e seu apoio a um projeto nacional-desenvolvimentista. A Coleção Cadernos do Povo Brasileiro tinha como lema "informar para emancipar", e oferecia em volume extra *Violão de Rua – Poemas Para a Liberdade*.

Era previsível, portanto, o que se passou a partir do golpe militar de 1964. Várias detenções do editor, confiscos, censura, retração de crédito nos bancos e até incêndios suspeitos. Ênio Silveira não recuou e ainda avançou na crítica

EM NOME DA VIDA
Moacyr Félix

 CIVILIZAÇÃO BRASILEIRA · MASSAO OHNO / EDITORES

AUTOR Moacyr Félix
TÍTULO *Em Nome da Vida*
APRESENTAÇÕES Antonio Candido
   e Moacir Werneck de Castro
CAPA Detalhe de *Guernica*, de Picasso
COLEÇÃO Poesia Sempre, vol. 3
COEDITORA Civilização Brasileira
FORMATO 14 × 21 cm, 140 p.
ANO 1981

MORMAÇO NA FLORESTA
Thiago de Mello

 CIVILIZAÇÃO BRASILEIRA · MASSAO OHNO / EDITORES

AUTOR Thiago de Mello
TÍTULO *Mormaço na Floresta*
APRESENTAÇÃO Ênio Silveira
CAPA Braz Dias
COLEÇÃO Poesia Sempre, n. 2
COEDITORA Civilização Brasileira
FORMATO 14 × 21 cm, 120 p.
ANO 1981

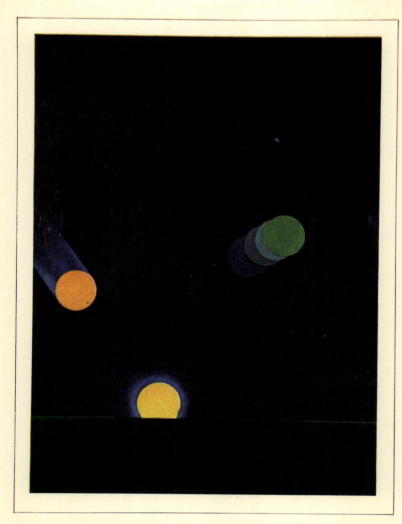

AUTOR Joaquim Cardozo
TÍTULO *Um Livro Aceso e Nove Canções Sombrias*
CAPA Autor não identificado
COEDITORA Civilização Brasileira
FORMATO 15 × 20 cm, 208 p.
ANO 1981

AUTOR Paulo Mendes Campos
TÍTULO *Diário da Tarde*
CAPA Walter Lewy
COLEÇÃO Vera Cruz, vol. 331
COEDITORA Civilização Brasileira
FORMATO 15 × 21 cm, 120 p.
ANO 1981

ao regime, lançando, em 1965, a *Revista Civilização Brasileira*, que circulou até 1968, e renasceria em 1978 como *Encontros com a Civilização Brasileira*.

Quando Massao chegou ao Rio, a distensão se iniciava com o governo Figueiredo. Sua aliança foi curta, pois a editora de Ênio Silveira estava vivendo os momentos finais de independência, antes de aceitar um acordo operacional com a Difel e vender 90% do seu capital. Em 1984 a empresa se transferiu para São Paulo. Tempo suficiente para Massao, assistido por Moacyr Félix, um fiel escudeiro de Ênio, estabelecer contatos e iniciar as coleções Poesia Sempre, Poesia Hoje e outra coleção de PÔSTERS-POEMAS (pp. 203-213), produzidos com o selo Philobiblion.

Mas ele não reviveu no ambiente carioca o papel aglutinador de novos que desempenhara em São Paulo, embora houvesse vasta seara de autores, a ponto de Heloísa Buarque de Hollanda chamar a poesia de "artigo do dia", quando mapeou alguns deles em *26 Poetas Hoje* (Coleção de Bolso, 1975).

A estadia no Rio favoreceu os contatos com Olga Savary, de quem se tornou o principal editor, com Marly de Oliveira, com Carlos Nejar, com Walmir Ayala, com Gilberto Mendonça Teles, com Ledo Ivo, e com o jovem Afonso Henriques Neto, do qual editou três obras.

As coedições Civilização/Massao iriam contemplar autores de carreira estabelecida com os lançamentos de *Um Livro Aceso e Nove Canções Sombrias*, de JOAQUIM CARDOZO (1897-1978); *Diário da Tarde*, de PAULO MENDES CAMPOS (1922-1991); *Em Nome da Vida*, de MOACYR FÉLIX (1926-2005); e *Mormaço na Floresta*, de THIAGO DE MELLO (1926). Os projetos gráficos exibiam as preferências de Massao, padronizando o formato e desenho de capa e variando a obra escolhida para ilustrá-la, que podia ser uma reprodução de Clóvis Graciano, um detalhe de *Guernica*, de Picasso, ou uma obra de Braz Dias.

Essa relação poesia/artes plásticas foi mais consagrada na Coleção de Pôsters com poemas ilustrados, que conjugava Carlos Drummond de Andrade/Pablo Picasso, João Cabral de Melo Neto/Marília Kranz, Paulo Mendes Campos/Flávio de Carvalho, Vinicius de Moraes/Pedro de Morais, Mário Chamie/Manabu Mabe, Affonso Romano de Santanna/Paulo Gomes Garcez e outros.

Denise Emmer, Myriam Fraga, Paulinho Assunção, Gabriel Nascente, Carlos Lima, Maria Beatriz Farias de Souza e Lara de Lemos foram também editados pela Civilização nesse período, e eram lembrados por Massao. Mas apenas Lara de Lemos, com *Adaga Lavrada*, e Maria Beatriz (com o pseudônimo Kuri), autora de *Gueto*, receberam a chancela de coedição, assim como Márcia Denser com o livro de ficção *O Animal dos Motéis*.

O HAVER

Resta, acima de tudo, essa capacidade de ternura
essa intimidade perfeita com o silêncio.
Resta essa voz íntima pedindo perdão por tudo.
Perdoai: eles não têm culpa de ter nascido.

Resta esse antigo respeito pela noite
esse falar baixo
essa mão que tateia antes de ter
esse medo de ferir tocando
essa forte mão de homem
cheia de mansidão para com tudo que existe.

Resta essa imobilidade
essa economia de gestos
essa inércia cada vez maior diante do infinito
essa gagueira infantil de quem quer balbuciar o inexprimível
essa irredutível recusa à poesia não vivida.

Resta essa comunhão com os sons
esse sentimento da matéria em repouso
essa angústia da simultaneidade do tempo
essa lenta decomposição poética
em busca de uma só vida
de uma só morte
um só Vinicius.

Resta esse coração queimando
como um círio numa catedral em ruínas
essa tristeza diante do cotidiano
ou essa súbita alegria ao ouvir na madrugada
passos que se perdem sem memória.

Resta essa vontade de chorar diante da beleza
essa cólera cega em face da injustiça e do mal-entendido
essa imensa piedade de si mesmo
essa imensa piedade de sua inútil poesia
de sua força inútil.

Resta esse sentimento da infância subitamente desentranhado
de pequenos absurdos
essa tola capacidade de rir à toa
esse ridículo desejo de ser útil
e essa coragem de comprometer-se sem necessidade.

Resta essa distração, essa disponibilidade,
essa vagueza de quem sabe que tudo já foi,
como será e virá a ser.
E ao mesmo tempo esse desejo de servir
essa contemporaneidade com o amanhã
dos que não tem ontem nem hoje.

Resta essa faculdade incoercível de sonhar,
de transfigurar a realidade
dentro dessa incapacidade de aceitá-la tal como é
e essa visão ampla dos acontecimentos
e essa impressionante e desnecessária presciência
e essa memória anterior de mundos inexistentes
e esse heroísmo estático
e essa pequenina luz indecifrável
a que às vezes os poetas tomam por esperança.

Resta essa obstinação em não fugir do labirinto
na busca desesperada de alguma porta
quem sabe inexistente
e essa coragem indizível diante do grande medo
e ao mesmo tempo esse terrível medo de renascer
dentro da treva.

Resta esse desejo de sentir-se igual a todos
de refletir-se em olhares sem curiosidade, sem história.
Resta essa pobreza intrínseca, esse orgulho,
essa vaidade de não querer ser príncipe senão do seu reino.

Resta essa fidelidade à mulher e ao seu tormento
esse abandono sem remissão à sua voragem insaciável.
Resta esse eterno morrer na cruz de seus braços
e esse eterno ressuscitar para ser recrucificado.

Resta esse diálogo cotidiano com a morte
esse fascínio pelo momento a vir, quando, emocionada,
ela virá me abrir a porta como uma velha amante
sem saber que é a minha mais nova namorada.

VINICIUS DE MORAES

PHILOBIBLION · MASSAO OHNO / EDITORES

POEMA DIDÁTICO

Não vou sofrer mais sobre as armações metálicas do mundo
Como o fiz outrora, quando ainda me perturbava a rosa.
Minhas rugas são prantos da véspera, caminhos esquecidos,
Minha imaginação apodreceu sobre os lodos do Orco.
No alto, à vista de todos, onde sem equilíbrio precipitei-me,
Clown de meus próprios fantasmas, sonhei-me,
Morto de meu próprio pensamento, destruí-me,
Pausa repentina, vocação de mentira, dispersei-me.
Quem sofreria agora sobre as armações metálicas do mundo,
Como o fiz outrora, espreitando a grande cruz sombria
Que se deita sobre a cidade, olhando a ferrovia, a fábrica,
E do outro lado da tarde o mundo enigmático dos quintais.
Quem, como eu outrora, andaria cheio de uma vontade infeliz,
Vazio de naturalidade, entre as ruas poentas do subúrbio
E montes cujas vertentes descem infalíveis ao porto de mar?

Meu instante agora é uma supressão de saudades. Instante
Parado e opaco. Difícil se me vai tornando transpor este rio
Que me confundiu outrora. Já deixei de amar os desencontros.
Cansei-me de ser visão: agora sei que sou real em um mundo real.
Então, desprezando o outrora, impedi que a rosa me perturbasse,
E não olhei a ferrovia — mas o homem que sangrou na ferrovia —
E não olhei a fábrica — mas o homem que se consumiu na fábrica —
E não olhei mais a estrela — mas o rosto que refletiu o seu fulgor.

Quem agora estará absorto? Quem agora estará morto?
O mundo, companheiro, decerto não é um desenho
De metafísicas magníficas (como imaginei outrora)
Mas um desencontro de frustrações em combate.
Nele, como causa primeira, existe o corpo do homem
— cabeça, tronco, membros, aspirações a bem-estar —
E só depois consolações, jogos e amarguras do espírito.
Não é um vago hálito de inefável ansiedade poética
Ou vaga adivinhação de poderes ocultos, rosa
Que se sustentasse sem haste, imaginada, como o fiz outrora.
O mundo nasceu das necessidades. O caos, ou o Senhor,
Não filtraria no escuro um homem inconseqüente,
Que apenas palpitasse ao sopro da imaginação. O homem
É um gesto que se faz ou não se faz. Seu absurdo —
Se podemos admiti-lo — não se redime em injustiça.
Doou-nos a terra um fruto. Força é reparti-lo
Entre os filhos da terra. Força — aos que o herdaram —
É fazer esse gesto, disputar esse fruto. Outrora,
Quando ainda me perturbava a flor e não o fruto,
Quando ainda sofria sobre as armações metálicas do mundo,
Acuado como um cão metafísico, eu gania para a eternidade,
Sem compreender que, pelo simples teorema do egoísmo,
A vida enganou a vida, o homem enganou o homem.
Por isso, agora, organizei meu sofrimento ao sofrimento
De todos; se multipliquei a minha dor,
Também multipliquei a minha esperança.

Paulo Mendes Campos

PHILOBIBLION - MASSAO OHNO / EDITORES

«Eu sou categórico ao afirmar que jamais considerei a pintura como simples arte do agradável, da distração; eu quis, pelo desenho e pela cor, uma vez que eram estas as minhas armas, penetrar sempre mais no conhecimento do mundo e dos homens, a fim de que este conhecimento nos libere a todos, cada dia mais... Agora eu compreendi que isto só não é suficiente; estes anos de terrível opressão me demonstraram que eu devo combater não somente através da minha arte, mas de todo o meu ser...»

Entrevista de Picasso ao "Humanité", Paris, 5-10-1944

MASSAO OHNO, EDITOR

EM NOME DA VIDA

— Meu pai, o que é a liberdade?

— É o seu rosto, meu filho,
o seu jeito de indagar
o mundo a pedir guarida
no brilho do seu olhar.
A liberdade, meu filho,
é o próprio rosto da vida
que a vida quis desvendar.
É a sua irmã numa escada
iniciada há milênios
em direção ao amor,
seu corpo feito de nuvens
carne, sal, desejo, cálcio
e fundamentos de dor.
A liberdade, meu filho,
é o próprio rosto do amor.

— Meu pai, o que é a liberdade?

A mão limpa, o copo d'água
na mesa qual um altar
aberto ao homem que passa
com o vento verde do mar.
É o ato simples de amar
o amigo, o vinho, o silêncio
da mulher olhando a tarde
— laranja cortada ao meio,
tremor de barco que parte,
esto de crina sem freio.

— Meu pai, o que é a liberdade?

É um Homem morto na cruz
por ele próprio plantada,
é a luz que sua morte expande
pontuda como uma espada.
É Cuauhtémoc a criar
sobre o braseiro que o mata
uma rosa de ouro e prata
para a altivez mexicana.
São quatro cavalos brancos
quatro bússolas de sangue
na praça de Vila Rica
e mais Felipe dos Santos
de pé a cuspir nos mantos
do medo que a morte indica.
É a blusa aberta do povo
bandeira branca atirada
jardim de estrelas de sangue
do céu de maio tombadas
dentro da noite goyesca.
É a guilhotina madura
cortando o espanto e o terror
sem cortar a luz e o canto
de uma lágrima de amor.

É a branca barba de Karl
a se misturar com a neve
de Londres fria e sem lã,
seu coração sobre as fábricas
qual gigantesca maçã.
É Van Gogh e a sua tortura
de viver num quarto em Arles
com o sol preso em sua pintura.
É o longo verso de Whitman,
fornalha descomunal
cozendo o barro da Terra
para o tempo industrial.
É Federico em Granada.
É o Homem morto na cruz
por ele próprio plantada
e a luz que sua morte expande
pontuda como uma espada.

— Meu pai, o que é a liberdade?

A liberdade, meu filho,
é coisa louca que assusta:
visão terrível (que luta!)
da vida contra o destino
traçado de ponta a ponta
como já contada conta
pelo som dos altos sinos.
É o homem amigo da morte
por querer demais a vida
— a vida nunca podrida.
E o sonho que finda em desgraça
na alma que, combalida,
deixa suas penas de graça
na grade em que foi ferida…
A liberdade, meu filho,
é a realidade do fogo
do meu rosto quando arde
na imensa noite a buscar
a luz que pede guarida
nas trevas do nosso olhar.

•

O homem, os homens
são vitórias da morte a circular as vidas
ou sombras opacas de uma Vida
em que esse anti-salto, a morte
não existe e nem nunca existiu
a não ser em seu não-ser de ser
desvão ao lado de desvão na ponte?

Se os cães falassem, ah, como ririam
(em frente ao sol)
dos nossos medrosos altares.

•

É inútil querer parar o Homem,
o que transforma a pedra em piso,
o piso em casa e a casa em fonte
de novas músicas da carne.
É inútil querer parar o Homem,
o que gira em torno de si próprio
a velocidade da luz e da sombra
no mistério da vida a cavalgar
os cavalos aéreos da semântica
sob uma indeferida eternidade.
É inútil querer parar o Homem
e o impulso que o transforma sempre
na pátria sem fim do ato livre
que arranca a vida e o tempo e as coisas
do espelho imóvel dos conceitos.
Ah, que mistério maior é este
que liga a liberdade e o homem
e une o homem a outros homens
como o curso de um rio ao mar!
(Quando a noite é una e indivisível,
nos olhos da mulher que eu amo
acende-se o deus deste segredo
— e uma sombra só nos transporta
ao fundo sem nome da vida.)

É inútil querer parar o Homem.
Do que morre fica o gesto alto
a ser o germe de outro gesto
que ainda nem vemos no tempo.
Isto as crianças nos lembram
quando rodam em nossas portas
os ossos do dia que foi nosso
e agora são as espantosas bicicletas
que as vão levando para outros dias
do acaso, do desejo e do fazer
em que não seremos mais, eternamente.
É inútil querer parar o Homem
e o seu sonho a dar longas voltas
ou a inventar estradas no cárcere,
o seu sonho mais essencial
a destruir e a enferrujar
metais de qualquer ditadura.

É inútil querer parar o Homem
e o seu sonho, o mais de flor,
de apagar dos lábios da terra
o rictus do medo que estica
no céu de aço a bomba atômica;
o seu sonho, que é o seu movimento
mais moderno e mais para frente,
de ver no armário dos museus
o manual oco e sem asas
que aprisiona o corpo e o sexo
em desrazões dadas na infância
(e os livros de Deve & Haver
dos poderosos de Manhattan
comerciando Deus e o mundo).

É inútil querer parar o Homem
e o seu sonho de enterrar
sob o verde passo de uma história livre
os dogmas do stalinismo
grudado como esparadrapo
sobre a boca múltipla da vida
(e a subdesenvolvida farda
dos tiranos que bebem o uísque
pago com o sangue de sua pátria).
É inútil querer parar o Homem:
em tudo que de amor cantar
o seu sonho caminhará
a encaminhá-lo na direção dele próprio
a inteirar-se em ócios libertados
do econômico em que ora se fratura.
É inútil querer parar o Homem,
o que transforma a pedra em piso,
o piso em casa e a casa em fonte
de novas músicas da carne.
A andar em formas de palavras
sob os arvoredos da vida
o sonho do Homem caminhará
do pensamento para as mãos
e das mãos para o pensamento,
noite e dia caminhará.
Até tornar as mãos em pássaros
livres, inteiramente livres, para amar
o azul ou as várias almas do céu
dentro do Homem que se movimenta
na liberdade, no amor e no desejo
em que a si próprio inventa.

•

Moacyr Félix

PHILOBIBLION · MASSAO OHNO / EDITORES

COISAS DA TERRA

Todas as coisas de que falo estão na cidade
    entre o céu e a terra.
São todas elas coisas perecíveis
    e eternas como o teu riso
    a palavra solidária
    minha mão aberta
ou este esquecido cheiro de cabelo
    que volta
    e acende sua flama inesperada
no coração de maio.

Todas as coisas de que falo são de carne
    como o verão e o salário.
Mortalmente inseridas no tempo,
estão dispersas como o ar
no mercado, nas oficinas,
nas ruas, nos hotéis de viagem.

    São coisas, todas elas,
    cotidianas, como bocas
    e mãos, sonhos, greves,
    denúncias,

acidentes do trabalho e do amor. Coisas,
    de que falam os jornais
    às vezes tão rudes
    às vezes tão escuras
que mesmo a poesia as ilumina com dificuldade.

    Mas é nelas que te vejo pulsando,
    mundo novo,
ainda em estado de soluços e esperança.

FERREIRA GULLAR

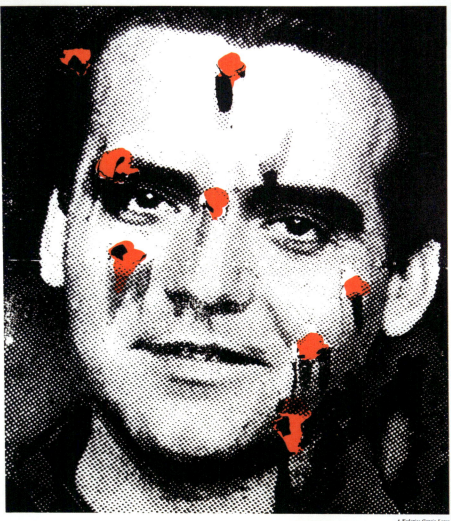

A Federico Garcia Lorca

Companheiro, morto desassombrado, rosácea ensolarada
Quem, senão eu, te cantará primeiro. Quem senão eu
Pontilhada de chagas, eu que tanto te amei, eu
Que bebi na tua boca a fúria de umas águas
Eu, que mastiguei tuas conquistas e que depois chorei
Porque dizias: «amor de mis entrañas, viva muerte».
Ah, se soubesses como ficou difícil a Poesia.
Triste garganta o nosso tempo, TRISTE TRISTE.
E mais um tempo, nem será lícito ao poeta ter memória
E cantar de repente: «los arados van e vên
                    dende Santiago a Belén».
Os cardos, companheiro, a aspereza, o luto
A tua morte outra vez, a nossa morte, assim o mundo:
Deglutindo a palavra cada vez mais fundo.

Que dor de te saber tão morto. Alguns dirão:
Mas está vivo, não vês? Está vivo! Se todos o celebram
Se tu cantas! ESTÁS MORTO. Sabes por quê?
         «El passado se pone
         su coraza de hierro
         y tapa sus oídos
         con algodón del viento.
         Nunca podrá arrancársele
         un secreto.»
E o futuro é de sangue, de aço, de vaidade. E vermelhos
Azuis, brancos e amarelos hão de gritar: morte aos poetas!
Morte a todos aqueles de lúcidas artérias, tatuados
De infância, o plexo aberto, exposto aos lobos. Irmão.
Companheiro. Que dor de te saber tão morto.

                    HILDA HILST

PARCERIAS NO RIO

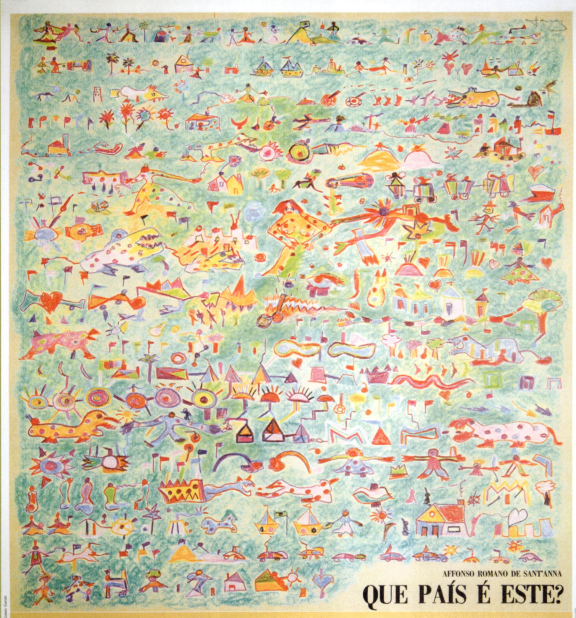

AFFONSO ROMANO DE SANT'ANNA
QUE PAÍS É ESTE?

Há 500 anos caçamos índios e operários,
há 500 anos queimamos árvores e hereges,
há 500 anos estupramos livros e mulheres,
há 500 anos sugamos negras e aluguéis.

Há 500 anos dizemos:
   que o futuro a Deus pertence,
   que Deus nasceu na Bahia,
   que São Jorge é que é guerreiro,
   que do amanhã ninguém sabe,
   que conosco ninguém pode,
   que quem não pode sacode.

Há 500 anos somos pretos de alma branca,
   não somos nada violentos,
   quem espera sempre alcança
   e quem não chora não mama
   ou quem tem padrinho vivo
   não morre nunca pagão.

Há 500 anos propalamos:
   este é o país do futuro,
   antes tarde do que nunca,
   mais vale quem Deus ajuda
   e a Europa ainda se curva.

Este é um país de síndicos em geral,
este é um país de cínicos em geral,
este é um país de civis e generais.

Este é o país do descontínuo
onde nada congemina,

e somos índios perdidos
na eletrônica oficina.

Nada nada congemina:
   a mão leve do político
   com nossa dura rotina,

o salário que nos come
e nossa sede canina,

a esperança que emparedam
e a nossa fé em ruína,

nada nada congemina:
a placidez desses santos
e nossa dor peregrina,

e nesse mundo às avessas
— a cor da noite é obsclara
e a claridez vespertina.

PHILOBIBLION - MASSAO OHNO / EDITORES

MASSAO OHNO, EDITOR

ELEGIA 1938

CARLOS DRUMMOND DE ANDRADE

Trabalhas sem alegria para um mundo caduco,
onde as formas e as ações não encerram nenhum exemplo.
Praticas laboriosamente os gestos universais,
sentes calor e frio, falta de dinheiro, fome e desejo sexual.

Heróis enchem os parques da cidade em que te arrastas,
e preconizam a virtude, a renúncia, o sangue-frio, a concepção.
À noite, se neblina, abrem guarda-chuvas de bronze
ou se recolhem aos volumes de sinistras bibliotecas.

Amas a noite pelo poder de aniquilamento que encerra
e sabes que, dormindo, os problemas te dispensam de morrer.
Mas o terrível despertar prova a existência da Grande Máquina
e te repõe, pequenino, em face de indecifráveis palmeiras.

Caminhas entre mortos e com eles conversas
sobre coisas do tempo futuro e negócios do espírito.
A literatura estragou tuas melhores horas de amor.
Ao telefone perdeste muito, muitíssimo tempo de semear.

Coração orgulhoso, tens pressa de confessar tua derrota
e adiar para outro século a felicidade coletiva.
Aceitas a chuva, a guerra, o desemprego e a injusta distribuição
porque não podes, sozinho, dinamitar a ilha de Manhattan.

PHILOBIBLION MASSAO OHNO / EDITORES

PARCERIAS NO RIO

AUTOR Lêdo Ivo
TÍTULO *O Soldado Raso*
CAPA Tomoshigue Kusuno
ILUSTRAÇÕES Marcelo Bartholomei
FORMATO 15 × 15 cm, 144 p.
ANO 1988

De origens e gerações diferentes, o algoano LÊDO IVO (1924-2012) e o goiano GILBERTO MENDONÇA TELES (1931) eram autores atuantes no meio intelectual do Rio, que transbordavam da via poética para o romance, o conto, a crônica e o ensaio, no caso do primeiro; para o magistério e estudos da literatura, no caso do segundo. Chegaram a Massao com longas carreiras já reconhecidas. Lêdo Ivo havia entrado para a Academia Brasileira de Letras em 1986.

Uma ponte liga esses autores: a grande admiração de Teles por Lêdo Ivo, explicitada no ensaio "A Aventura da Transgressão" (em *Contramargem – Estudos de Literatura*, 2002) e no cuidado com que organizou crônicas de Lêdo Ivo para uma antologia.

O Soldado Raso é, na verdade, reedição da coletânea de poemas publicada pelo autor no Recife em 1980, que ganhava agora nova roupagem com sugestivo desenho de capa de Tomoshigue Kusuno. *O Aluno Relapso* é original e multifacetado, mistura de poesia, conto, crônica, ensaio e depoimentos, ofecendo

Lêdo Ivo
O ALUNO RELAPSO

Ilustrações de Gonçalo Ivo

AUTOR Lêdo Ivo
TÍTULO O Aluno Relapso
CAPA E ILUSTRAÇÕES Gonçalo Ivo
COEDITOR Nemar Editora e Distribuidora
FORMATO 21 × 14 cm, 102 p.
ANO 1991

conceitos sobre o processo de criação. Sendo uma obra com muitas autorreferências, coube bem o desenho de capa e ilustrações do filho do autor, o artista plástico Gonçalo Ivo.

& Cone de Sombras podia ser considerada uma edição comemorativa. Teles chegava aos quarenta anos de ofício poético com mais de uma dezena de obras, sem medo de cruzar o experimental nas trilhas da vanguarda, ou retornar às formas mais tradicionais, ao regional, desde que – segundo ele – a poesia mostrasse ao homem outros sentidos da existência, e o integrasse na plenitude da sua cultura, desse ênfase ao visível e escancarasse as janelas do invisível.

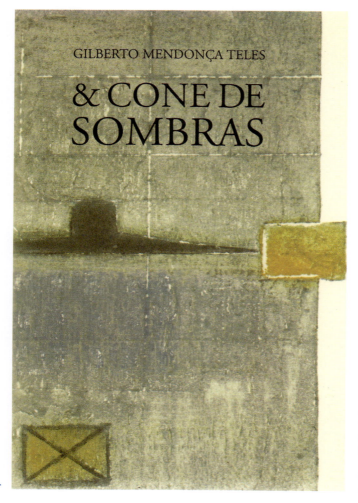

AUTOR Gilberto Mendonça Teles
TÍTULO *& Cone de Sombras*
POSFÁCIO Tereza de Castro Callado
CAPA *Escrita*, gravura de Selma Daffré
FORMATO 21 × 14 cm, 144 p.
ANO 1995

Massao e OLGA SAVARY (1933) – uma associação improvável, que durou mais de dez anos. O profissionalismo de uma autora sempre empenhada e organizada se confrontando com o espírito boêmio do editor, que não respeitava prazos, falhava na distribuição dos livros, não prestava contas das vendas e não aceitava suas sugestões. Então, como explicar que confiasse a Massao a edição de sete de suas obras mais significativas e ainda o chamasse para trabalhos em outras editoras? Ela mesma responde: "Ele sabia fazer um livro".

Suas habilidades de designer (e ousadia, como *Altaonda*, em grande formato, estampando na capa o retrato da autora) combinadas com a escolha dos ilustradores Calasans Neto, Manabu Mabe e Aldemir Martins, Tomie Ohtake, Guita Charifker, Kazuo Wakabayashi deram aos livros de Olga, com o reconhecimento literário, visibilidade para prêmios em São Paulo e no Rio de Janeiro. Sobre *Retratos*, concluía a jornalista Elizabeth Vieira: "Um belo livro. Que vale a pena ser lido. E visto" (*Jornal da Tarde*, 9.12.1989).

Na sua temporada carioca dos anos 1980, Olga foi sua anfitriã no meio literário, e se considera lançadora de seu nome fora do reduto paulistano. Foi quem o apresentou a Marly de Oliveira.

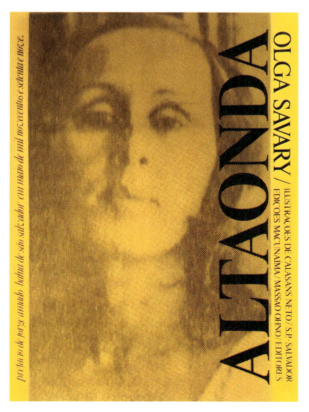

AUTOR Olga Savary
TÍTULO *Altaonda*
PREFÁCIO Jorge Amado
ILUSTRAÇÕES Calasans Neto
COEDITORA Macunaíma
FORMATO 32 × 22 cm, 44 p.
ANO 1979

PARCERIAS NO RIO

217

AUTOR Olga Savary
TÍTULO *Magma*
ORELHAS Antonio Houaiss
CAPA Tomie Ohtake
COEDITOR Rowitha Kempf
FORMATO 22 × 15 cm, 72 p.
ANO 1982

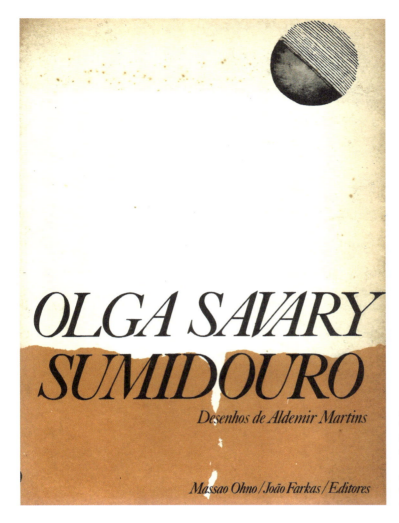

AUTOR Olga Savary
TÍTULO *Sumidouro*
PREFÁCIO Nelly Novaes Coelho
CAPA E ILUSTRAÇÕES Aldemir Martins
COEDITOR João Farkas
FORMATO 21 × 15 cm, 36 p.
ANO 1977

Outra afinidade os aproximou: o gosto pelo haicai. Olga estava entre as primeiras cultoras e divulgadoras do gênero no Brasil. Como praticante, ampliou o arco temático tradicional e liberou-se de estrita grade formal, sem fugir ao espírito das imagens-sínteses. Buscou lições dos mestres Bashō, Buson e Issa, que traduziu em *O Livro dos Hai-kais* (p. 142), abrindo caminho para outros autores do gênero no catálogo de Massao. Quando voltou ao mestre, no preparo para a editora Hucitec de *Hai-kais de Bashō*, foi a ele que confiou a coordenação gráfica.

Também precursor, *Magma* mostra outra faceta da obra de Olga Savary. Provavelmente o primeiro livro integralmente de poesia erótica escrito por uma mulher no Brasil. Serve-lhe de capa obra de Tomie Ohtake – truque mais uma vez usado pelo editor: invólucro minimalista de suave combinação cromática para um conteúdo ardente. O contrário se dá em *Éden Hades*, onde as representações da ave do paraíso, da mulher nua e de São Jorge matando o dragão, criadas por Guita Charifker, conduzem diretamente aos arquétipos míticos e sagrados que são dominantes nos poemas.

Olga Savary soma ao ofício poético trabalhos como jornalista, contista, tradutora e organizadora de antologias. Além dos clássicos do haicai, traduziu Borges, Cortázar, Fuentes, Lorca, Neruda e Octavio Paz. Organizou a *Antologia Brasileira de Poesia Erótica* (1984) e a *Antologia da Nova Poesia Brasileira* (1992), reunindo 334 poetas de todos os Estados brasileiros, na qual também convocou Massao para a supervisão gráfica.

Sua obra tem recebido várias análises, sendo a mais abrangente no âmbito acadêmico a de Marleine Paula Toledo: *Olga Savary – Erotismo e Paixão* (2009).

AUTOR Olga Savary
TÍTULO *Éden Hades*
PREFÁCIO Olga de Sá
APRESENTAÇÃO Marília Beatriz de Figueiredo Leite
CAPA Guita Charifker
FORMATO 19 × 16 cm, 64 p.
ANO 1994

AUTOR Olga Savary
TÍTULO *Linha d'Água*
PREFÁCIO Felipe Fortuna
APRESENTAÇÃO Antonio Houaiss
CAPA Ciça Alves Pinto
ILUSTRAÇÕES Kazuo Wakabayashi
COEDITOR Hipocampo
FORMATO 20 × 20 cm, 48 p.
ANO 1987

AUTOR Olga Savary
TÍTULO *Retratos – 17 Haikais*
PREFÁCIO Dalma Nascimento
CAPA Kazuo Wakabayashi
ILUSTRAÇÕES Matisse
FORMATO 16 × 15,5 cm, 60 p.
ANO 1989

As edições de três obras de MARLY DE OLIVEIRA (1935-2007), entre elas a *Obra Poética Reunida*, comprovam o reconhecimento de Massao no Rio de Janeiro, onde o prestígio da autora lhe franquearia qualquer outra editora de porte.

A jovem de Cachoeiro de Itapemirim ascendera com valor, ganhando logo na estreia o incentivo privilegiado de Thiers Martins Moreira, Augusto Mayer, Aurélio Buarque de Hollanda e Antonio Houaiss. Colaboraram no aprimoramento de sua poética a exposição ao meio cultural europeu e o estudo das línguas e literaturas hispânica e italiana, refinados na convivência com Ungaretti e João Cabral de Melo Neto, com quem foi casada. Em sua expressão, aberta aos mistérios da vida e reconhecida como voz potente da poesia brasileira, foram identificadas heranças do espiritualismo de Cecília Meireles e reflexos da angústia existencial de Clarice Lispector.

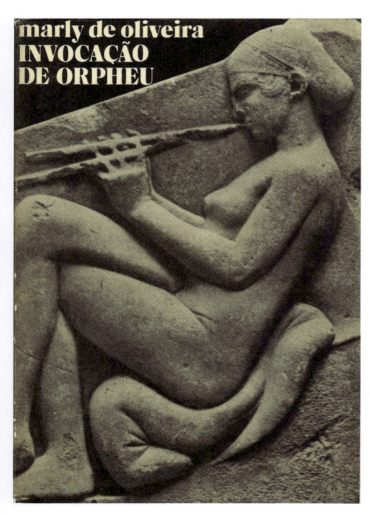

AUTOR Marly de Oliveira
TÍTULO *Invocação de Orpheu*
APRESENTAÇÃO Ruth Maria Chaves
FORMATO 22 × 15,5 cm, 120 p.
ANO 1979

AUTOR Marly de Oliveira
TÍTULO *Obra Poética Reunida*
PREFÁCIO Antonio Houaiss
FORMATO 21 × 14 cm, 464 p.
ANO 1989

Marly de Oliveira e Massao Ohno
no lançamento de *Obra Poética Reunida*,
Rio de Janeiro, 1989.

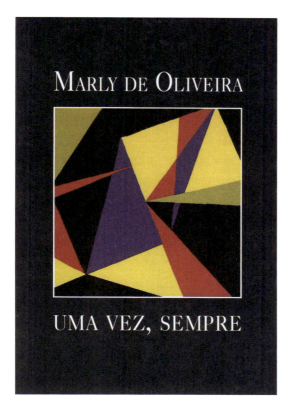

autor Marly de Oliveira
título *Uma Vez, Sempre*
prefácio Pedro Lyra
apresentação Massao Ohno
capa Composição a óleo de Patrícia de Oliveira
formato 21 × 14 cm, 176 p.
ano 2000

Entre sua primeira obra editada por Massao, *Invocação de Orpheu* e a *Obra Poética Reunida* decorreram dez anos, sendo *Uma Vez, Sempre* sua última obra publicada.

Três projetos gráficos bastante diferentes. No primeiro, a capa reproduz um relevo clássico, logo identificável com o mito de Orfeu, que, para a autora, representa "a nostalgia da completude, a revolta contra o absurdo de sua impotência diante dos deuses cruéis". No segundo, a foto do mar aberto e sua sugestão de amplitude e profundidade, em que o próprio título da obra submerge, servem adequadamente como imagem para a reunião da obra poética. A pintura geométrica na capa da última obra resta, porém, meramente decorativa.

Como era esperado, as relações de Marly de Oliveira nos meios literários e diplomáticos faziam de seus lançamentos um acontecimento no *grand monde* do Rio de Janeiro, capazes até de gerar inusitadas associações, como a de Massao com Chico Recarey, o rei da noite carioca, juntos no convite para o lançamento de *Uma Vez, Sempre*.

Dois gaúchos de Porto Alegre, da mesma geração, WALMIR AYALA (1933-1991) e CARLOS NEJAR (1939) têm em comum obra numerosa, que se estende a vários gêneros. Era previsível que em algum momento cruzassem com Massao. Diferentes tinham sido os seus caminhos. Ayala veio para o Rio em 1956, ano seguinte à sua estreia, assumindo a carreira jornalística. Nejar ficou no Sul, ascendendo em funções do Ministério Público, que elegeu como profissão. Permanecendo dedicados à poesia, ambos encontraram fôlego e talento para a ficção, o teatro, a crônica, a literatura infantil, a crítica e a tradução. Acumularam prêmios e foram muitas vezes solicitados para missões e viagens aqui e no exterior, aprofundando contatos, divulgando a literatura. Mantinham atenção também ao seu redor: os dois são autores de antologias da nova poesia brasileira.

O encontro com o editor se deu na maturidade de suas carreiras, quando Massao testava território no Rio. Com Ayala, para comemorar com *Estado de Choque* seus 25 anos de poesia. Com Nejar, para publicar *Poesia Portuguesa Contemporânea*, antologia resultante de seu estágio em Lisboa, com bolsa concedida pela Fundação Calouste Gulbenkian. Outro encontro para comemorar seus trinta anos de poesia com *A Idade da Aurora* (reunindo mais duas rapsódias: *Futuro* e *João Serafim*), seguido de parceria entre as editoras Nemar, fundada por Nejar em Vitória, ES, e a Massao Ohno para as edições de *O Túnel Perfeito* e *Miguel Pampa*.

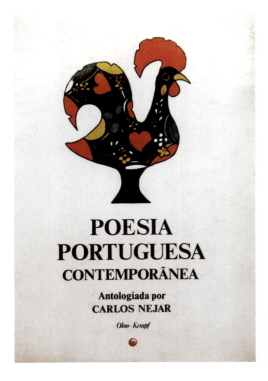

ORGANIZADOR Carlos Nejar
TÍTULO *Poesia Portuguesa Contemporânea*
COEDITORA Roswitha Kempf
FORMATO 22 × 15 cm, 383 p.
ANO 1982

autor Walmir Ayala
título *Estado de Choque*
capa e desenhos May Shuratel
coeditora Galeria Parnaso
formato 27 × 18 cm, 46 p.
ano 1980

AUTOR Carlos Nejar
TÍTULO *O Túnel Perfeito*
APRESENTAÇÃO Massao Ohno
CAPA Detalhe de *Guernica,* de Picasso
COEDITORA Nemar
FORMATO 21 × 14 cm, 72 p.
ANO 1991

Em 1989, Nejar foi eleito para a Academia Brasileira da Letras, e, dois anos depois, Ayala se despedia prematuramente. Não antes de receber outro tipo de consagração: a da Escola de Samba Portela, que, no Carnaval de 1987, desfilou com samba-enredo baseado em seu livro *A Pomba da Paz*.

Para a edição de *Estado de Choque* Massao convocou May Shuratel, que então se iniciava na ilustração. A imagem de capa, com nó e rompimento, remete naturalmente para a poética dilacerada de Ayala. O hiperrealismo do objeto alcança ressignificação – um modo *pop* incorporado pela arte brasileira, que influenciava a jovem artista. Dos trabalhos com Massao, May passou para ilustração de livros infantis até 1994, quando escreveu seu primeiro *Brincadeiras de Anjo*, e se tornou autora de muitas obras e sucesso nesse ramo.

A ilustração de capa para *Poesia Portuguesa Contemporânea* tem apelo e simplicidade com reprodução do galo – símbolo popular português. Pouco inventivo é o recorte de *Guernica*, de Picasso, para *O Túnel Perfeito,* um recurso já usado por Massao em outras obras.

É mais apropriada a escolha de Iberê Camargo para a capa de *A Idade da Aurora*. O carretel, tomado em sua pintura como referência, foi se desfazendo em cores e matérias agressivas até a transformação em símbolo, que induz ao jogo, à infância, à perda e ao desamparo. Confirmava o impulso de seu criador, que dizia: "Eu não pinto modelos, pinto emoções". O mesmo poderia dizer o poeta, no uso de outro instrumento, os versos de sua rapsódia.

Carlos Nejar
A IDADE DA AURORA

AUTOR Carlos Nejar
TÍTULO *A Idade da Aurora*
APRESENTAÇÃO do editor
CAPA *Face*, óleo sobre tela de Iberê Camargo, 1984
ORELHA Retrato do autor, guace e lápis de Iberê Camargo
FORMATO 21 × 14 cm, 224 p.
ANO 1990

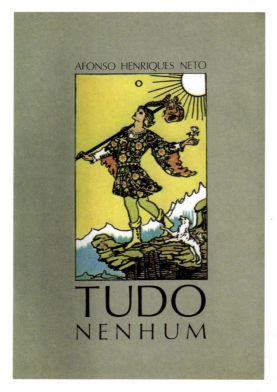

AUTOR Afonso Henriques Neto
TÍTULO *Tudo Nenhum*
CAPA Reprodução da carta do Tarot, *O Louco*
FORMATO 21 × 14 cm, 118 p.
ANO 1985

Desta vez, o editor ia à procura do autor AFONSO HENRIQUES NETO (1944). Massao compareceu ao lançamento de seu livro *Ossos do Paraíso* (1981) e lhe fez a proposta: "Quero te editar". Do encontro resultou a publicação de quatro obras ao longo de dez anos. E se estabelecia a ligação do editor à geração de poetas cariocas surgida em plena ditadura, cujos primeiros livros, em pequenas tiragens, mostravam dicção crítica, irreverente, insubmissa aos padrões, que lhes valeu o rótulo de produção marginal, e aos autores, classificação nas fileiras da contracultura.

Quando se estebeleceu a parceria com Massao para a edição de seu quarto livro *Tudo Nenhum*, já eram novos tempos, mas Afonso Henriques Neto continuava a "palmilhar a substância áspera de se definir", sem decair do comprometimento com o ofício poético. O tratamento que seus livros receberam reflete a admiração do editor, expressa na apresentação que redigiu para *Abismo com Violinos* (um expediente que não era comum) e em detalhes editoriais significativos.

A carta do Tarot, O Louco, escolhida para ilustrar a capa de *Tudo Nenhum* pode oferecer ampla metáfora para a trajetória de risco do poeta, na forma como na temática, avançando, em trilhas de Baudelaire, Rimbaud e Mallarmé, do "marginal" para altos patamares.

Afonso Henriques Neto
AVENIDA EROS

AUTOR Afonso Henriques Neto
TÍTULO *Avenida Eros*
Integram esta obra dois livros: *Avenida Eros*, que empresta o nome ao título geral do volume, e *Piano Mudo*.
CAPA Escultura do Templo dos Prazeres, Índia
FORMATO 21 × 14 cm, 118 p.
ANO 1992

AUTOR Afonso Henriques Neto
TÍTULO *Abismo com Violinos*
CAPA *Composição*, de Selma Daffré
FORMATO 20,5 × 14 cm, 40 p.
ANO 1995

Em *Avenida Eros*, suas aproximações entre o clássico e o contemporâneo, com citações e homenagens a Pound, Octavio Paz, Murilo Mendes, Pedro Nava, Drummond, Heráclito e Borges são sincretizadas na ilustração de capa pela arquetípica cena de amor esculpida num templo indiano.

A capa de *Abismo com Violinos* desenvolvida por Selma Daffré, segundo Marleide Anchieta de Lima (*Deambulações do Olhar: A Escrita de Afonso Henriques Neto*, 2010), "[...] remete às oscilações poéticas do trabalho do autor. As propostas do poeta e as técnicas pictóricas de Selma Daffré dialogam, à medida que ambos experimentam as dimensões espaciais, compõem e descompõem imagens, investindo nas rasuras e nos horizontes diversificados das manifestações artísticas. Nesse sentido, suas obras constroem-se por meio de curvas, assimetrias, remendos e brechas, o que demonstra as faces desordenadas do mundo, do sujeito e do próprio fazer artístico em constante processo de reconstrução. [...] Com isso, as tensões entre as luzes e as sombras, a forma e o informe e os jogos de cores, de aspectos e de ângulos figuram a composição do livro e da imagem pictural, ambos com o objetivo de romper os suportes".

Selma Daffré também fez a ilustrações para *Piano Mudo*, incluído no volume de *Avenida Eros*.

XI OUTRAS GERAÇÕES

"COMO UM MANDARIM ou mestre zen, Massao Ohno sempre iluminou a vida de nossos poemas, dando a eles edições plenas de beleza, geradas pelo olhar terno e incandescente de seu oceano estético. Durante décadas este ourives livre criou e recriou a perfeição no espaço sempre aberto de seu ateliê. Dando a nossas obras o melhor de sua alma e de seu tempo: a competência de um artista plástico e gráfico de rara sensibilidade."

Os atributos enfaticamente evocados por BEATRIZ HELENA RAMOS AMARAL (1960) correspondiam realmente à elegância com que o editor tratou suas obras.

O movimento de letras vermelhas sobre a pauta de fundo cinza para *Encadeamentos* e os diversos planos sugeridos em fundo azul para *Poema Sine Praevia Lege*, criados por Nina Moraes, introduzem sugestivamente sua poesia, cuja construção e musicalidade catalisam matrizes da vanguarda

AUTORS Beatriz Helena Ramos Amaral e Elza Aparecida Ramos Amaral
TÍTULO *Primeira Lua*
CAPA *Luar em Kobe*, de Giyo Hastiguti, xilo, 1920
ILUSTRAÇÕES Sumiês de Massao Okinaka
FORMATO 15 × 15 cm, 60 p.
ANO 1990

concretista. Não era casual, portanto, sua admiração por Edgard Braga, que lhe proporcionou muito cedo contato com essas fontes. Sobre a trajetória desse poeta Beatriz Amaral fez a dissertação de mestrado *A Transmutação Metalinguística na Poética de Edgard Braga*. Sem ser uma seguidora, as lições de síntese permaneceram e já se manifestavam nos haicais de *Primeira Lua*, uma parceria com Elza Ramos Amaral. Para apresentar esse livro o editor escolheu adequadas combinações orientais: uma xilogravura de Goyo Hastiguti para a capa e sumiês de Massao Okinaka como ilustrações.

Em 1998 tinha pronto um novo livro, *Elipse*, e Massao lhe sugeriu que o reunisse com a obra poética anterior em *Planagem*. A edição reproduzia na capa um óleo de Arcangelo Ianelli com o título discretamente estampado em dourado.

A atuação de Beatriz se estendeu ao jornalismo e a projetos como Poesia 96, que reuniu poetas e críticos em cerca de cem encontros. Com interesses também ligados à música, publicou, em 2002, um ensaio biográfico sobre Cássia Eller, *Canção na Voz do Fogo*, e lançou, em 2009, o CD *Ressonâncias* (voz e sitar) com o músico Alberto Marsicano.

AUTOR Beatriz Helena Ramos Amaral
TÍTULO *Encadeamentos*
CAPA Nina Moraes
FORMATO 15 × 15 cm, 72 p.
ANO 1988

AUTOR Beatriz Helena Ramos Amaral
TÍTULO *Poema Sine Praevia Lege*
CAPA Nina Moraes
FORMATO 15 × 15 cm, 72 p.
ANO 1993

autor Beatriz Helena Ramos Amaral
título *Planagem – Obra Reunida (1983-1997)*
capa *Composição em Vermelho*, de Arcangelo Ianelli, 1973
apresentação Régis Bonvicino
formato 21 × 15, 5 cm, 374 p.
ano 1998

LEILA ECHAIME (1935-2013) e Massao personalizam um caso de fidelidade entre autora e editor. Ele publicou dez de seus doze livros de poesia. Quando, no ano de seu falecimento, Leila lançou a coletânea *Poesia Reunida*, o editor não estava mais em atividade.

Estreante na maturidade com *Flauta Silente*, o cuidado editorial que suas obras vão receber se mostra logo no projeto desse livro com a escolha de Darcy Penteado, que expande seus recursos de envolvente desenhista na capa e ilustrações internas.

Nas obras seguintes vão se desdobrando nas capas metáforas visuais, sempre amplas, que permitem relacionar "o ímpeto fogoso" aparente em sua poesia, segundo Carlos Felipe Moisés, com os vermelhos de Wakabayashi em *Almas Minhas Inquietas* e *Elegíadas*. Mas a trabalhada luminosidade das paisagens imaginárias de Selma Daffré, em *Longe de Mim* e *Pequenos Cantos do Fraterno*, talvez melhor se harmonize com o que ele aponta como "eloquente exemplo da experiência universal da inter-relação Vida-Amor-Morte, na visão intuitiva e nos versos comovidos de Leila Echaime, experiência que paradoxalmente lhe garante, como a seus incontáveis admiradores, uma boa razão de viver".

AUTOR Leila Echaime
TÍTULO *Almas Minhas Inquietas*
PREFÁCIO Renato Gonda
CAPA Kazuo Wakabayashi
FORMATO 22 × 15 cm, 68 p.
ANO 2007

AUTOR Leila Echaime
TÍTULO *Flauta Silente*
CAPA E ILUSTRAÇÕES Darcy Penteado
COEDITORA Roswitha Kempf
FORMATO 25 × 18 cm, 80 p.
ANO 1981
Reprodução da capa e ilustração interna.

AUTOR Leila Echaime
TÍTULO *Longe de Mim*
CAPA *Distante*, quadro de Selma Daffré
FORMATO 21 × 14 cm, 94 p.
ANO 1997

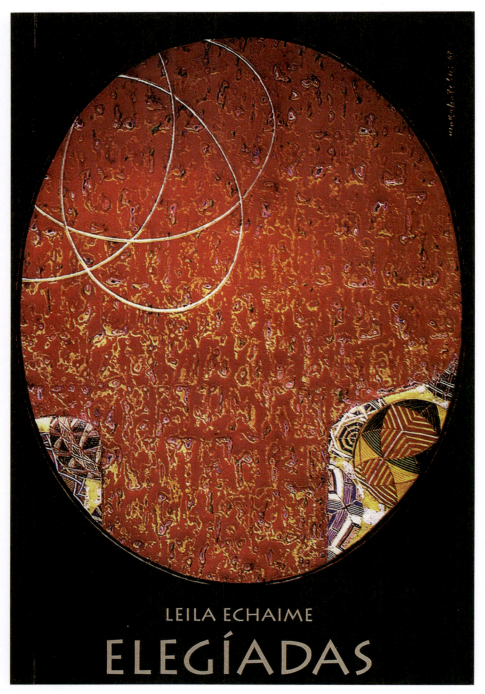

AUTOR Leila Echaime
TÍTULO *Elegíadas*
PREFÁCIO Renato Gonda
CAPA Kazuo Wakabayashi
FORMATO 21 × 14 cm, 63 p.
ANO 2007

AUTOR Leila Echaime
TÍTULO *Pequenos Cantos do Fraterno*
CAPA *Perfil*, cologravura de Selma Daffré
FORMATO 21 × 14 cm, p.53
ANO 1996

Entre 1980 e o final de 1999, Massao editou cerca de seiscentos títulos. As demandas de vários segmentos aumentaram, ainda com predomínio dos poetas. Além dos autores registrados anteriormente, Franz Rulli Costa, Diva Cardacci, Sérgio Antunes, José Eduardo Mendes Camargo, Roberto Marinho de Azevedo e os poetas e jornalistas Marien Calixte e Lara de Lemos retornaram para edição de três ou mais obras. Entre os novos despontavam alguns notáveis não estritamente pela produção literária, como o médico José Aristodemo Pinotti e o publicitário Mauro Salles, do qual Massao editou nove obras. Salles também deve ter levado ao editor dos *Cadernos do* PFL e outras publicações desse partido, que ele produziu com pragmatismo comercial.

FRANCO TERRANOVA (1923-2013) também se destacara em área diversa, como *marchand* à frente da Petite Galerie, no Rio de Janeiro, uma referência para artistas e colecionadores. Mas tinha vocação das letras já notada em 1960, quando publicou seus poemas no *Jornal do Brasil*. Ferreira Gullar captou sinais que o alinhavam na vanguarda e se confirmaram em seu primeiro livro *O Girassol*. A partir do fechamento da Petite Galerie em 1988, passou a se dedicar inteiramente à poesia. Buscou Massao para edição de duas de suas obras, *Memórias, Rumores* e *Lúcida Lâmina*, com ilustrações e projetos gráficos marcados pela sua ousadia e prontos para o editor.

Publicou ainda em 2012 *Sombras*, onde congregava como ilustradores Cildo Meireles, Abraham Palatnik, Frans Krajcberg e Carlos Vergara. Deixou pronto *Carma Carnadura*, publicado após sua morte.

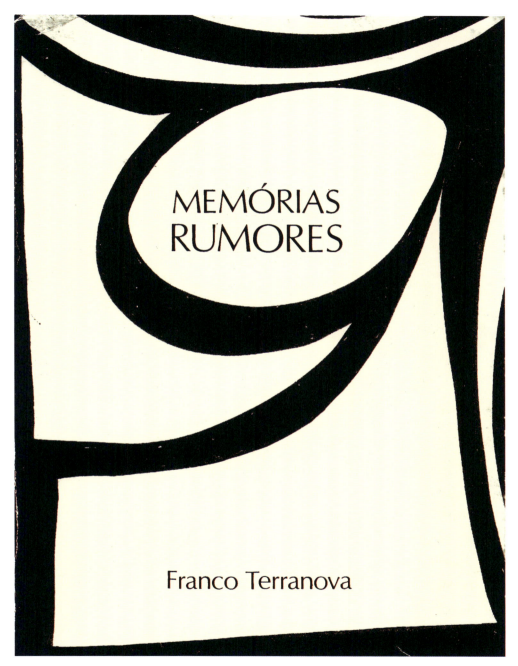

autor Franco Terranova
título *Memórias Rumores*
capa e ilustrações do autor
formato 22 × 16 cm, 128 p.
ano 1988

autor Franco Terranova
título *Lúcida Lâmina*
capa e ilustrações do autor
formato 22 × 16 cm, 200 p.
ano 1991

Linguaçodada, *Outrarias* e *Alcinhas* compõe uma trilogia na produção de **PAULO LUDMER** (1944). Apesar de largos intervalos, Massao editou-os de forma a resguardar visualmente o propósito do autor. Tomou como fonte para as capas dos três títulos obras de **CARLOS BRACHER** (1940) da série Homenagem a Van Gogh. Ludmer é um poeta ou narrador que prefere insinuações, sutilezas e ironias, mas as largas pinceladas e cores dramáticas de Bracher se harmonizam ao conteúdo graças ao recorte sagaz do editor, que isola abstratamente cor e movimento.

Ludmer, pela idade, poderia ser enquadrado na Geração 60. A estreia tardia foi beneficiada pelo longo aprendizado – um exercício em que não esmoreceu, apesar de sua atividade múltipla (engenheiro, músico, artista plástico e professor), como mostrou sua participação nas oficinas literárias coordenadas por Carlos Felipe Moisés durante dezesseis anos.

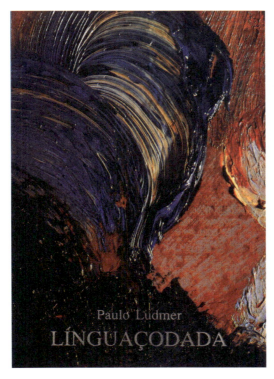

AUTOR Paulo Ludmer
TÍTULO *Linguaçodada*
CAPA E CONTRACAPA Óleo de Carlos Bracher da série Homenagem a Van Gogh
PREFÁCIO Ana Soares Mariano
ORELHAS Erson Martins de Oliveira
FORMATO 26 × 18 cm, 88 p.
ANO 1994

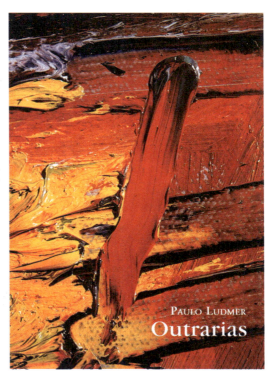

AUTOR Paulo Ludmer
TÍTULO *Outrarias*
CAPA E CONTRACAPA Óleo de Carlos Bracher da série Homenagem a Van Gogh
ORELHAS Carlos Felipe Moisés
FORMATO 26 × 18 cm, 114 p.
ANO 1998

autor Paulo Ludmer
título *Alcinhas*
capa e contracapa Óleo de Carlos Bracher
    da série Homenagem a Van Gogh
orelhas Crítica de Fernando Py
formato 26 × 18 cm, 80 p.
ano 2001

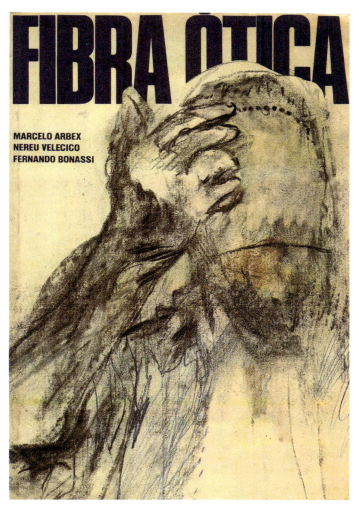

AUTORES Marcelo Arbex, Nereu Velecico e Fernando Bonassi
TÍTULO *Fibra Ótica*
PREFÁCIO Claudio Willer
CAPA Antônio Vitor
ORELHAS Apresentação de Gabriel Priolli
FORMATO 22,5 × 15,5 cm, 120 p.
ANO 1987

Dos três jovens poetas que se lançavam em *Fibra Ótica*, FERNANDO BONASSI (1962) veio rapidamente a se revelar como romancista, dramaturgo, contista e roteirista de cinema e televisão. Os versos desse primeiro livro sinalizavam sua poética maior, forma e substância de expressão lúcida e, por consequência, inconformada de realidades amargas, depois vasadas em obras como a peça *Apocalipse 1,11*, o romance, depois transformado em filme, *Um Céu de Estrelas*, e sua adaptação para o cinema de *Carandiru*.

O pungente desenho de ANTÔNIO VITOR (1942) para a capa foi uma boa escolha para introduzir esses jovens, que não escondiam sentimentos de sua origem periférica e entravam em sintonia com esse artista, na época integrante do Grupo Guaianazes, assumidamente *outsider*.

Dos encontros com Massao cada autor teria sua história a contar, especialmente quando, sendo a estreia, se cercava de ansiedades, como as lembradas por ÉSIO MACEDO RIBEIRO (1963) a respeito da edição de *E Lúcifer Dá Seu Beijo*:

"Já havia publicado alguns poemas em revistas, jornais e antologias quando soube da editora do Massao e passei a sonhar com ter um livro publicado por ele. No início dos anos 1990 me tornei amigo de Jorge Mautner, que se interessou em conhecer minha poesia. Gostou da maioria dos poemas e disse-me que eu deveria fazer uma seleção e publicá-los em livro. Fui para casa matutando sobre o que ele havia me sugerido. Dias depois, telefonei ao Massao solicitando uma reunião. Fui. Ele, sempre entre o senta-e-levanta e o ir-e-vir à estante para encher de novo o copo de uísque, pediu que eu deixasse os originais para lê-los com calma. Em breve me daria uma resposta.

"Cerca de um mês depois me telefonou, dizendo que tinha gostado do livro e que o publicaria com uma condição: eu teria de convencer Mautner a escrever uma apresentação. O que não foi difícil. Então Massao, contentíssimo, decidiu: 'Vamos publicar o seu livro!' Mas não gostou do título. Eu, teimoso, disse que não o mudaria. Hoje concordo que *O Beijo de Lúcifer* teria ficado bem melhor. Definiu que a tiragem seria de mil exemplares, que considerei exagerada, dada a minha invisibilidade. Quanto à capa, sugeri José Roberto Aguilar. Consultado, ele solicitou pelo trabalho um valor que para o editor e para mim pareceu exorbitante. Diante disso, Massao pôs um livro de Joan Miró no meu colo: 'Escolha uma obra deste pintor!' Achei a ideia ótima. Quanto aos direitos autorais, ele garantiu que não haveria motivo de preocupação.

"Fizemos o lançamento na Arte Pau Brasil da Rua Vergueiro, com a presença de Jorge Mautner – lendo meus poemas –, de Elisa Lucinda, de Celso de Alencar e mais duas dúzias de amigos e parentes. Massao, como era seu costume, não compareceu.

"Muitos anos depois, visitei pela última vez Massao, querendo adquirir alguns exemplares do meu livro. Depois de bebermos uísque e papearmos sobre autores e artistas, ele localizou alguns pacotes restantes do meu livro, não me cobrou nada e ainda me presenteou com outros. Livros que eu julgava estarem esgotados, ali, em profusão, debaixo e em cima de mesas, dentro de estantes, armários e gavetas. Este era o Massao editor-artista que nos faz muita falta. Serei sempre grato a ele pelo que fez por mim no início da minha vida literária."

AUTOR Ésio Macedo Ribeiro
TÍTULO *E Lúcifer Dá Seu Beijo*
CAPA *Retrato*, de Joan Miró, 1938
FORMATO 21 × 14 cm, 74 p.
ANO 1993

XII TRADUÇÕES

TRADUÇÕES NÃO ESTIVERAM NA PAUTA principal das edições de Massao. Mesmo assim, contemplou clássicos orientais, biografias e narrativas relacionadas com a imigração japonesa – abordadas no capítulo "Afinidades Orientais". Vale aqui o registro das traduções de Joyce, dos *Romances e Canções Sefarditas* e de duas obras de T. S. Eliot, pelas referências inéditas que traziam na época.

Também *Cemitério Marinho*, de PAUL VALÉRY (1871-1945), ganhava especialidade pela abordagem do tradutor Edmundo Vasconcelos e pela escolha de Mira Schendel como ilustradora.

Vasconcelos ocupa 125 páginas para justificar suas opções. Elege os versos livres, propícios à busca do "valor psicanalítico" do poema, pois não há traduções exatas para ele, mas "reexpressões algumas vezes felizes de textos estrangeiros". Mesmo aceitando o uso de ferramentas da psicanálise para captar o sentido da obra e apresentá-la em outra língua, Mário Laranjeira (*Poética da Tradução: Do Sentido à Significância*, 2003) critica a liberdade de Vasconcelos por derramar "no vaso amorfo do verso livre" a lapidada construção de Valéry.

Essa construção parece em harmonia com os desenhos de Mira Schendel escolhidos para ilustração, apesar da distância entre o poeta e essa artista contemporânea. Seus signos gráficos emergem de um poderoso cabedal e se sintetizam em linhas, traços e geometrias, desafiando o olhar com questões inesperadas

Edmundo Vasconcelos

CEMITÉRIO MARINHO

Tradução e ensaio de interpretação do 'Cimitière Marin' de
PAUL VALÉRY

AUTOR Paul Valéry
TÍTULO *Cemitério Marinho*
TRADUÇÃO E ENSAIO DE INTERPRETAÇÃO
  Edmundo Vasconcelos
NOTA INTRODUTÓRIA Rudolf Palgen
ILUSTRAÇÕES Grafismos de Mira Schendel
COEDITORA Roswitha Kempf
FORMATO 30,5 × 19,4 cm 151 p.
ANO 1980

e direções misteriosas. Sua confessada "tentativa de imortalizar o fugaz, de dar sentido ao efêmero", se relaciona bem com os anseios do poeta e de seu tradutor.

Em 1966 JAMES JOYCE (1882-1941) tinha chegado ao leitor brasileiro com o peso da publicação de *Ulisses*, em tradução de Antonio Houaiss. Traduções de seus contos e do romance *Retrato de um Artista Quando Jovem* eram conhecidas desde os anos 1940. Mais adiante, Haroldo e Augusto de Campos abriram chaves de sua obra mais desafiadora com *Panaroma do Finnegans Wake*. Dados biográficos do autor irlandês continuavam menos conhecidos, e especialmente o relacionamento com a mulher Nora.

A tradução de *Cartas a Nora Barnacle* trazia pela primeira vez pistas para entender essa parceira que lhe ofereceu, segundo seu biógrafo Chester G. Anderson, "muitas das qualidades que ele necessitava numa mulher: fidelidade, confiança, ternura, domínio e juízo".

O colofão informa que é uma edição-homenagem de quinhentos exemplares, mas sem indicação sobre o centenário de nascimento de Joyce. Faltou para isso uma introdução que melhor contextualizasse as cartas e mostrasse o papel de Nora na vida do escritor.

AUTOR James Joyce
TÍTULO *Cartas a Nora Barnacle*
TRADUÇÃO Mary Pedrosa
CAPA Aquarela de Jacqueline Leirner
COOEDITORA Roswitha Kempf
FORMATO 22 × 15 cm, 86 p.
ANO 1982

TRADUÇÕES

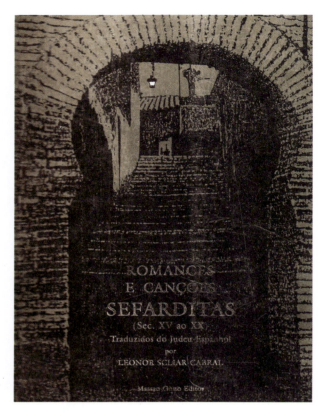

AUTORES Vários
TÍTULO *Romances e Canções Sefarditas (Séc. XV ao XX)*
TRADUÇÃO DO JUDEU-ESPANHOL Leonor Scliar-Cabral
PREFÁCIO Raúl Antelo
NOTA INTRODUTÓRIA E POSFÁCIO Da tradutora
CAPA Arco do bairro judeu na Calle del Angel, Toledo
FORMATO 21,5 × 16 cm, 102 p.
ANO 1990

A edição de *Romances e Canções Sefarditas* prima em referências e cuidado gráfico. A capa reproduz um arco de Toledo em tom que destaca a gravação dourada dos títulos e o sutil detalhe de uma lanterna acesa no alto da escadaria.

LEONOR SCLIAR-CABRAL (1929), conceituada linguista e poeta, oferece um histórico da diáspora sefardita desde o primeiro século da era cristã, que ocupa um terço do volume. Esse posfácio lhe foi sugerido por Massao, alertando sobre o ineditismo dessa poética no Brasil. Edição bilíngue, a tradutora adverte: "Sempre que o efeito musical entrava em conflito com o conteúdo, previlegiei o primeiro, buscando não me afastar demasiadamente do significado original e mantendo o tom".

A obra iniciava um ciclo de pesquisas patrocinado pelo Instituto de Cultura Judaica de Porto Alegre, a ser continuado com livro de poemas da própria tradutora, *Memória de Sefarad,* que foi publicado por outra editora. Mas ela voltaria a ser editada por Massao em 1998: *De Senectute Erotica.*

A publicação acontecia no momento em que as canções sefarditas começavam a ter divulgação no Brasil com gravações e espetáculos da cantora Fortuna.

Não era tarefa fácil a tradução de T. S. ELIOT (1888-1965), cuja obra consuma o que Ezra Pound chamou de logopeia, a dança do intelecto entre as palavras. Diferentes palavras exigem nova coreografia, e a executada por Idelma Ribeiro de Faria (1914-2002) foi reconhecida como um êxito.

Poemas, 1910-1930 representava a primeira proposta editorial com abrangência para um autor muito citado, mas conhecido em traduções esparsas. Incluía desde seus primeiros poemas publicados em 1917, até os *Poemas de Ariel*, passando pela recriação de *The Waste Land* (*A Terra Gasta* na versão de Idelma), considerado sua obra-prima; *Quarta-feira de Cinzas*, referente à conversão do autor ao anglicanismo, e *Os Homens Ocos*, que teve versos celebrizados na fala de Marlon Brando no filme *Apocalipse Now*.

Corais de "O Rochedo", editado onze anos depois, volta ao tema religioso e aborda a relação da humanidade com Deus e a construção de uma igreja, refletindo postura antitotalitária face às ameaças que pesavam sobre a Europa às véspera da Segunda Guerra.

Aí cabia bem, portanto, a ilustração de capa, o *Laocoonte*, de El Greco, com um céu tenebroso e figuras desesperadas. Assim como, em *Poemas*, as sugestões românticas da litografia escolhida podiam remeter à solidão e ao abandono de *A Terra Gasta*. Nota-se que o olhar do editor, passados anos, tinha guardado o design, que, sem ser idêntico, mantém entre as duas obras uma sequência gráfica.

De Idelma Ribeiro de Faria, Massao havia publicado *Você Não Conhece Janete e Outros Contos*, e teria com ela um último encontro em *Emoção e Memória*, resgate cinquenta anos de sua produção poética. O volume de quase quinhentas páginas fazia juz à contribuição dessa intelectual tão discreta como diligente. A apresentação gráfica em cinza-azulado não dispensou um detalhe insinuante de Matisse.

AUTOR Idelma Ribeiro de Faria
TÍTULO *Emoção e Memória*
PREFÁCIO Fábio Lucas
CAPA Detalhe de obra de Matisse, 1940
DORMATO 21 × 14 cm, 496 p.
ANO 1999

AUTOR T. S. Eliot
TÍTULO *Poemas 1910-1930*
TRADUÇÃO Idelma Ribeiro de Faria
APRESENTAÇÃO Carlos Vizioli
CAPA Litografia do século XVIII
FORMATO 22 × 15 cm, 80 p.
ANO 1985

MASSAO OHNO, EDITOR

AUTOR T. S. Eliot
TÍTULO Corais de "O Rochedo"
TRADUÇÃO Idelma Ribeiro de Faria
PREFÁCIO Cassiano Ricardo
CAPA Laocoonte, de El Greco
FORMATO 22 × 15 cm, 108 p.
ANO 1996

XIII RELAÇÃO DE OBRAS

Como não tivemos acesso a todos os livros aqui relacionados, informações foram colhidas em outras fontes, podendo ter ocorrido incorreções, das quais nos desculpamos. Estamos dispostos a corrigi-las em próxima edição.

* Indica que não há data na edição, presumindo-se ter sido editado na década assinalada

ANO	AUTOR	TÍTULO
1959	A. Garcia Pereira	*Canções do Silêncio*
	Alexis Pomerantzeff	*Impressões*
	Helena Calil	*Mêdo*
	Raulita Odriozola	*Poemas do Espelho*
	Roberto Schwarz	*Pássaro na Gaveta*
	Sergio Milliet	*Cartas à Dansarina*
1960	Augusto Boal	*Revolução na América do Sul*
	Carlos Felipe Moisés	*A Poliflauta de Bartolo*
	Carlos Henrique de Escobar	*Poesias*
	Clovis Beznos	*Poemas do Amor Mais Puro*
	Eduardo Alves da Costa	*Fátima e o Velho - Post Mortem*
	Eunice Arruda	*É Tempo de Noite*
	João Ricardo Penteado	*Os Rumos*
	Joel de la Taille	*Étapes*
	José Carlos de Moraes *	*Humoradas Médicas*
	Lilia A. Pereira da Silva	*Estrela Descalça*
	Luiz Marcondes Rocha *	*Maria Rica*
	Paulo Marcos del Greco	*Lamentações de Fevereiro*
	Ruy Apocalipse	*Crônicas da Noite*
	Vinicius de Moraes e outros	*Procura-se uma Rosa*
1961	Gianfrancesco Guarnieri	*A Semente*
	Hilda Hilst	*Trovas de Muito Amor para um Amado Senhor*
	Jocy de Oliveira	*Apague Meu Spotlight*
	Lea Mott	*Treze Mulheres Azuis*
	Manuela Ligeti	*Non Mon Peuple*
	Renata Pallottini	*Livro de Sonetos*
	Roberto Freire	*Sem Entrada e sem Mais Nada*
	Roberto Piva	*Ode a Fernando Pessoa*
	Ryūnosuke Akutagawa	*Rashomon e Outros Contos*
	José Celso Martinez Correa, Décio de Almeida Prado, Augusto Boal, Ronald Daniel e Outros	*A Vida Impressa em Dólar*
	Vários	*Antologia dos Novíssimos*
1962	Augusto de Campos, Décio Pignatari e Haroldo de Campos	*Antologia Noigandres 5*
	Carlos Maria de Araujo	*9 Poemas*
	Cassiano Nunes	*Prisioneiro do Arco-íris*
	Paulo Emílio Sales Gomes, Fernando Novais, Marcos Marguilès e equipe da Cinemateca Brasileira	*Cinema Polonês Hoje*
	Geraldo Ferraz	*Guernica - Poema Vozes do Quadro de Picasso*

	Hilda Hilst	*Sete Cantos do Poeta, para o Anjo*
	Indá Soares Casanova	*Diálogo da Ausência*
	Lindolf Bell	*Os Póstumos e as Profecias*
	Mário Chamie	*Lavra Lavra*
	Myrtha Rosato	*Bié*
	Vários	*Invenção - Revista de Arte de Vanguarda n. 2*
	Ziraldo e outros	*6 Desenhistas Brasileiros de Humor*
1963	Bruno Tolentino	*Anulação e Outros Reparos*
	Cinemateca Brasileira (org.)	*Cinema Britânico*
	Ida Laura	*Antecipação*
	Jane Arduino Perticarati	*O Tanque de Betesda*
	Julita Scarano	*O Espelho e a Janela*
	Lauro Cesar Muniz	*O Santo Milagroso*
	Lupe Cotrim Garaude	*Cânticos da Terra*
	Mamede Coelho	*O Embaixador do Vento*
	Roberto Piva	*Paranoia*
	Rubens Rodrigues Torres Filho	*Investigação do Olhar*
	Sergio Lima	*Amore*
1964	Assis Canoas	*Mito Perdido*
	Aurora Duarte	*O Pássaro e o Náufrago*
	Camargo Meyer	*Cartilha*
	Cinemateca Brasileira (org.)	*Cinema Japonês*
	Claudio Willer	*Anotações Para um Apocalipse*
	Edoardo Vidossich	*O Negro e a Música*
	Francarlos Reis	*Mito e Presença*
	José Seixas Patriani	*Um Bar Chamado Juão*
	Lindolf Bell	*Os Ciclos*
	Marcelo de Almeida Toledo	*A Santa Casa da Misericórdia de São Paulo*
	Maria José Giglio	*O Labirinto*
	Neide Archanjo	*Primeiros Ofícios da Memória*
	Otoniel Santos Pereira	*A Pedra na Mão*
	Roberto Piva	*Piazzas*
	Ronaldo Esper	*Monumento Morto*
1965	Decio Bar	*No Temporal*
	Roswitha Kempf	*A Borboleta Assustada*
	Stella Carr	*Três Viagens em Meu Rosto*
1970	Oscar von Pfuhl *	*A Árvore Que Andava*
1973	Clovis Beznos	*Outros Poemas*
	Fábio Porchat (org.)	*Fúlvio Pennacchi*
	Francisco Luiz de Almeida Salles / Dulce Carneiro	*Rebolo*
	Michele Iacocca	*Eva*

	Paulo Pascowitch	*Poemário ao Longo da Memória*
	Sérgio Macedo	*O Karma de Gaargot*
1974	Hilda Hilst	*Júbilo, Memória, Noviciado da Paixão*
	José Henrique Turner	*Tarefas: Ação Parlamentar*
	Livio Xavier	*Infância na Granja*
	Osamu Dazai	*Pôr-do-Sol*
1975	José Brandão	*Exílio*
	Toyoki Nojiri	*20 Poemas*
1976	Antonio Teófilo	*Elegíada*
	Claudio Willer	*Dias Circulares*
	Dora Ferreira da Silva	*Menina Seu Mundo*
	Eduardo Gianetti da Fonseca	*Adol(essência)*
	Eunice Arruda	*As Pessoas, as Palavras*
	Gilberto Luiz Duarte	*Amor e Fúria*
	João Farkas	*São Paulo de Andrade*
	Maria da Graça Biatto	*O Equilíbrio das Pedras*
	Maria José de Carvalho	*Lunalunarium*
	Raul Fiker	*O Equivocrata*
	Regina Helena Cunha Lima	*Venham Borboletas...*
	Renata Pallottini	*Coração Americano*
	Roberto Piva	*Abra os Olhos e Diga Ah!*
	Rui Pereira	*Benvindo*
	Rui Versiani	*Panacéia*
	Zé Pedro (José Pedro de Oliveira Costa)	*Desenhos Musicados*
1977	Alberto Beuttenmuller	*Katatruz*
	Arildo de Toledo Viana	*Primeiro Canto da Mulher Amada*
	Francisco Denes Roessler	*Pássaro Silencioso*
	Geraldo Guimarães	*América Latina: O Trabalho Fotográfico de Geraldo Guimarães*
	Juliana Carneiro da Cunha e Franco Hugo	*Possession*
	Olga Savary	*Sumidouro*
	Raul Roviralta	*Idem, Ibidem*
	Suzana Camargo	*Macunaíma: Ruptura e Tradição*
1978	Betty Leirner	*Square of Light*
	Fernando Monteiro	*Ecométrica*
	Giuseppe Selvaggi	*Picasso - Erosmemória: A Arte Como Guerrilha Cultural*
	Gustavo Korte	*Proposta de Revolução*
	José Nemirovsky	*Florestas*
	Letícia Constant	*Poemas de Candeia*
	Livio Xavier	*10 Poemas*

	Maria Raulita G. Odriozola	*Livro de Amor*
	Regina Vater	*O Que É Arte? São Paulo Responde*
1979	Claudio Willer e Dorfles Gillo	*Gretta: Evocative Recollections*
	Fundação Japão	*Nihongo: Curso Elementar de Kanji*
	Gardenia Garcia	*Corpo de Sal*
	Indá Soares Casanova	*Dois Contos e Alguns Vinténs*
	J. Antonio D´Avila	*Pastor de Temporais*
	Janete Musatti	*Sonhos do Pondji*
	Lea Ferrari Ortiz	*Na Terra da Bicharada*
	Lígia Batista	*O Anjo Maldito*
	Lindolf Bell	*As Annamarias*
	Marly de Oliveira	*Invocação de Orpheu*
	Mauro Gomes Aranha de Lima	*Vidraça*
	Neusa Cardoso	*O Escorpião e a Valsinha*
	Nilza Tirapelli de Barros	*O Encontro Definitivo do Eu*
	Olga Savary	*Altaonda*
	Paulo Rosembaum	*Impreciso Emigrar*
	Péricles Prade	*Nos Limites do Fogo (2 ed.)*
	Ricardo Nunes	*Mesmo Que Não Queiras*
	Rino Marconi	*Dilúvio às Avessas*
	Roswitha Kempf	*Reflexos, Reflexões*
	Xalberto (Carlos Alberto Paes Oliveira)	*Íncaro*
1980	Alberto Marsicano Rodrigues (trad.)	*Sendas Solares de Sesshu*
	Alex Flemming	*Poemas Numéricos*
	Celso Japiassu	*O Itinerário dos Imigrantes*
	Claudionor Ritondale	*Exercícios de Solidão*
	Fernando Aruta / José L. Aidar e Outros	*Quadrivio*
	Francisco Moura Campos	*O Sorriso do Drama*
	Henrique L. Alves *	*O Fantasma da Abolição*
	Hilda Hilst	*Da Morte, Odes Mínimas*
	John Howard *	*Ronald Reagon e a Caça do Palmito*
	Joyce Cavalcante	*Livre & Objeto*
	Lindolf Bell	*Vivências Elementares*
	Margarida Finkel	*No Tear dos Ventos*
	Maria do Céu Formiga de Oliveira	*Visões de um Anti-herói*
	Nieta Lux	*Novamente É Chegado o Amor*
	Olga Savary (trad.)	*O Livro dos Hai-Kais*
	Paul Valéry *	*Cemitério Marinho*
	Péricles Prade	*Os Faróis Invisíveis*
	Renata Pallottini	*Cantar Meu Povo*
	Ricardo Redisch	*Quem Se Debate É Afogado*
	Roberto Marinho de Azevedo *	*Cruzeiro Turístico*

	Roberto Piva	*20 Poemas com Brócoli*
	Thales de Mello *	*Baú de Couro*
	Ulla Johnsen	*O Que a Água Me Contou*
	Vários	*Ensaio IV*
	Vera Brant	*A Solidão dos Outros*
	Walmir Ayala	*Estado de Choque*
1981	Alberto Maduar	*Uma História em Quadrinhos*
	Antonio Bizerra Machado	*Poemas Seletos*
	Antônio Osório	*O Emigante do Paraíso*
	Armando Vieira	*A Musa Inquieta*
	Brasigoís Felício	*Hotel do Tempo*
	Ciro Figueiredo	*Como Se Fôssemos os Primeiros*
	Claudio Willer	*Jardins da Provocação*
	Claudionor Ritondale	*Poesia da Precariedade*
	Douglas Munhoz	*Rastro de Ave*
	Ebrahim Ramadan	*O Beijo dos Neurônios*
	Eduardo Gianetti da Fonseca	*Órbitas Pedestres*
	Eudoro Augusto/ Luiz Aquila	*Variações sobre 13 Poemas de Eudoro Augusto*
	Flávio de Almeida Prado	*Do Amor*
	Gabriel Nascente	*Águas da Meia Ponte*
	Geir Campos	*Tarefa*
	Herio Saboga	*Paniedro*
	Ivan Miziara e Bruno Caramelli	*Cotidiário*
	Janine Goossens	*Beleza Sempre*
	Joaquim Cardozo	*Um Livro Aceso e Nove Canções Sombrias*
	Jorge Mautner	*Poesias de Amor e de Morte*
	Juan Sanz Hernández	*Biografia a Três*
	Lara de Lemos	*Adaga Lavrada*
	Lea Aparecida de Oliveira	*O Sol e Eles*
	Leila Echaime	*Flauta Silente*
	Luiz Aquila /Eudoro Augusto	*Carnaval*
	Márcia M. Denser	*O Animal dos Motéis*
	Maria Aparecida R. G. de Freitas	*Bananal: Cidade Histórica, Berço do Café*
	Maria do Céu Formiga de Oliveira	*Trajetória do Silêncio*
	Martha Pires Ferreira	*Zoologia Fantástica*
	Mathilde Maier	*Os Jardins de Minha Vida*
	Miguel de Almeida	*Dobrando Esquinas*
	Miriam Paglia Costa	*Colar de Maravilhas*
	Moacyr Félix	*Em Nome da Vida*
	Pablo Picasso	*Erosmemória*
	Paulo Bomfim	*Praia de Sonetos*
	Paulo Mendes Campos	*Diário da Tarde*

	Roberto Jardim	*Salão de Barbeiro*
	Roswitha Kempf (Trad. e org.)	*A Poesia Alemã - Breve Antologia*
	Rubens Rodrigues Torres Filho	*O Vôo Circunflexo*
	Thiago de Mello	*Mormaço na Floresta*
	Trudi Landau	*Crônicas do Meu Tempo*
	Valdir Peyceré	*Ventos e Barricadas*
1982	Agnaldo Anselmo	*Um Balde*
	Antonio Ferreira dos Santos Junior	*Vi...Vendo*
	Benedito Junqueira Duarte	*A Luz Fosca do Dia Nascente*
	Benedito Junqueira Duarte	*Caçadores de Imagens*
	Benedito Junqueira Duarte	*Lâmpada Cialítica*
	Bento Celso da Rocha	*Ser Pessoa*
	Carlos Nejar (org.)	*Antologia da Poesia Portuguesa Contemporânea*
	Carlos Vogt	*Cantografia*
	Carmen Monegal	*Duração Ordinária da Vida*
	Carmen Silvia Cerqueira Cesar	*Eu Sinceramente*
	Claudio Sedin / Eça de Queiroz	*A Fábrica, o Povo*
	Dawn Jordan	*Faces*
	Dora Ferreira da Silva	*Talhamar*
	Dyrce Araujo	*Quando a Casa Dorme*
	Eduarda Duvivier	*Sou Como Sou*
	Eduardo Alves da Costa	*Salamargo*
	Hilda Hilst	*A Obscena Senhora D*
	Ebraim Ramadan	*Vida Comprometida*
	Ilka Brunhilde Laurito	*Genetrix*
	Isabel Hirata	*Cicatrizes*
	J. B. Sayeg	*Cavalos ao Sol*
	James Joyce	*Cartas a Nora Barnacle*
	Jandyra Sounis Carvalho de Oliveira	*Poemetos*
	João Carlos Meirelles Filho	*Licença Poética*
	Jorge Luiz Stark Filho	*Atrás dos Olhos*
	José Aristodemo Pinotti	*Suave Presença*
	José Marques	*Caminhante da Noite*
	José Yamashiro	*História dos Samurais*
	Lúcia Helena Mendonça	*Sonho de Valsa*
	Lucila Fragetti	*Esse Amor Cada Vez Mais Raro*
	Marcelo de Almeida Toledo (Org.)	*Grande Sertão: Veredas - As Trilhas de Amor e Guerra de Riobaldo Tatarana*
	Marcelo Tápia	*Primi Tipo*
	Marina Tricânico	*Taça da Noite*
	Max Martins	*Para Ter Onde Ir*
	Olga Savary	*Magma*

	Pedro Levitch	*Volubilis*
	Rinaldo Gama	*Fundação de Mim*
	Renata Pallottini	*Cerejas, Meu Amor...*
	Ricardo Ferminiano Soares	*Invenção da Surpresa*
	Selene de Medeiros	*Amor*
	Sérgio Antunes	*A Casa da Infância*
	Sérgio Wax	*33 Experimentos e uma Suíte*
	Sônia Gutierrez	*Dawn Jordan: Faces*
1983	Abel Valini	*Juntos*
	Álvaro Alves de Faria	*Motivos Alheios*
	André Ippólito	*Caminhada*
	Antônio Carlos Osório	*O Desafio do Branco*
	Antônio Pavone	*Pecado Transparente*
	Antônio Viegas	*Sanguevida*
	Carmen de Oliveira	*Cachorro do Meu Vizinho*
	Célia Igel Teitelbaum	*Passagem Paisagem*
	Chico Bezerra	*Ninho de Estrelas*
	Cláudia Lopes	*Essa Noite Namorar*
	Edna Vicentini Carneo	*Ciclotimia*
	Eduardo Amorim Garcia	*Onze Mil Noites*
	Ernesto Zamboni / Teru Tamaki	*Reflexões Urbanas*
	Hilda Hilst	*Cantares de Perda e Predileção*
	J. Kleber	*Vertentes do Paraíso*
	Jirges Ristum	*Guardanapos*
	José Luiz Beraldo (org.)	*Pulso*
	Juvenal Neto	*O Silêncio da Flauta*
	Leila Echaime	*Aveávida*
	Lélia Rita de Figueiredo Ribeiro	*Estação Provisória*
	Lena Jesus Ponte	*Revelação*
	Milânia Bezerra	*Equilíbrio de Mim*
	Nhô Musa	*Só Poesia*
	Nivaldo Menezes Santos	*Mercador de Pássaros*
	Pedro Levitch	*Zás*
	Ricardo Tupper	*Corpo e Alma (13 Fotografias)*
	Roberto Shinyashiki	*A Carícia Essencial - Uma Psicologia do Afeto*
	Tamaki Zamboni	*Urbanas Reflexões*
	Yeda Prates Bernis	*Pêndula*
1984	A. Magalhães Junior	*Contos da Mooca*
	Abel Valini	*Infinitivo Pessoal*
	Abel Valini	*Diamantes de Vidro*
	Agnaldo Anselmo	*Vidro*
	Alex Flemming	*Estado de Coma*

	Arlinda Rocha Nogueira	*Imigração Japonesa na História Contemporânea do Brasil*
	Ben Hur Ferraz	*Olho da Solidão*
	Bia Meirelles / Carlos Takaoka	*Ouvindo de Passagem: A Conversa Fiada Brasileira*
	Carlos Vogt	*Paisagem Doméstica*
	Claudete Duarte Novaes	*Um Tempo Possível*
	Dora Avanzi Zarif	*Sedução das Imagens*
	Henrique Zilbovicius	*O Catador de Ventos*
	Hercílio Folcone	*Garimpo de Imagens*
	Hilda Hilst	*Poemas Malditos, Gozosos e Devotos*
	Idelma Ribeiro de Faria	*Você Não Conhece Janete e Outros Contos*
	Joana d´Arc Natuba	*Momentos*
	Juan Sanz Hernandez	*Horas Queridas*
	Katsuzo Yamamoto	*José Yamamoto: Toda uma Vida no Brasil*
	Luís Augusto Cassas	*A Paixão Segundo Alcântara*
	Marlene Porto	*Os Brasileiros: Uma Tragicomédia*
	Odette Mutto	*Alienação*
	Pedro Xisto	*Partículas - Haiku*
	Priscila Siqueira	*Genocídio dos Caiçaras*
	Roberto Marinho de Azevedo	*Poemas do Amor Venal*
	Ruth Mary Calil	*Tempo de Névoa*
	Sérgio Antunes	*Era um Dia Assim*
	Sérgio Lima	*Collage*
	Sheila Gomes	*Uma Canção de Amor: Êxtase*
	Viviane K. K. Garcia	*Tudo Isso*
	Yeda Estergilda de Abreu	*Grãos - Poemas de Lembrar a Infância*
1985	Afonso Henriques Neto	*Tudo Nenhum*
	Airton Luiz	*O Sonho da Vida*
	Ana Maria da Costa Ribeiro e outros	*Astrologia Hoje - Médotos e Propostas*
	Anna Carolina Meirelles Dias de Carvalho	*Educar É Preciso*
	Chandal Meirelles Nasser	*Os Mil Domingos*
	Claude Sachs	*Poesias Inesperadas*
	Fernando Querido	*Dia-a-dia*
	Guta Marques Porto	*Feito Criança*
	Indá Soares Casanova	*Sur la Route du Temps*
	Larissa Loures	*Mensagem da Estrela*
	Luís Groff	*Crônicas Agudas*
	Luiz Sérgio Modesto	*Teatro de Mente / Concerto de Mente*
	Maria Caprioli	*Nós, Marias*
	Maria Sampaio	*Fonte Rosa*
	Rosa Maria Whitaker Ferreira Sampaio	*Fonte*

MASSAO OHNO, EDITOR

	Rosa Maria Whitaker Ferreira Sampaio (org.)	*Paz-guerra: Textos e Desenhos Elaborados para Crianças*
	Ruy Affonso	*Cancioneiro de um Jogral de São Paulo*
	Sara Goldman	*Da Noite à Aurora*
	T.S. Eliot	*Poemas - 1910-1930*
	Tadatsuna Yabu e outros	*O Método Japonês*
1986	Alice Faria	*Meu Pão de Cada Dia*
	Augusta Vono	*Allen Ginsberg : Portais da Tradição*
	Bruna Lombardi	*Diário do Grande Sertão*
	Diva Gomes	*Brinquedos*
	Héctor Olea	*Materia Mater-Materia - 1974-1986*
	Hilda Hilst	*Sobre a Tua Grande Face*
	Hugo Mund Júnior	*Véspera do Coração*
	III Convenção Panamericana Nikkei	*O Nikkei e Sua Americanidade*
	Ivone Pedro Faria	*Porta Entreaberta*
	José Aristodemo Pinotti	*Espiral*
	José Carlos Honório	*Em Breve Outra Noite*
	José Gomes Neto	*O Opivm de Vidro*
	Leila Echaime	*Poesia, Poesia*
	Luís Groff	*A Reputação de Quatro Bicos e Outras Reputações*
	Luís Sérgio Bogo	*Na Direção Exata*
	Luiz Carlos Stolf	*Poesias ao Sabor da Incerteza, Certeza e Risco das Emoções*
	Maria do Carmo Gaspar de Oliveira	*Bosco*
	Marisa Bueloni	*De Tarde, o Amor*
	Mariselda Bumajny	*Para Lembrar o Irmão Menor*
	Pedro Garcia	*Índice de Percurso*
	Sérgio Antunes	*Primeira Vez*
	Solange Padilha	*Safografia*
	Vera Krynski	*Na Curva do Azul*
1987	Angel Bojadjiev	*Metropolitanos*
	Carlos Roque	*Flores de Fogo*
	Célia Regina Cavalheiro e Outros	*Filosofemas - Antologia 2*
	Celso Luiz Marangoni	*Viajante e Outros Silêncios*
	Ciro Palmerston Muniz	*Chapéu - 1962-1987*
	Claude Sachs	*Solidões*
	Dagoberto Fonseca	*Lírios Cálidos*
	Dulce Garcia Alonso Moron	*Tempo de Ser*
	Fernando Bonassi e outros	*Fibra Ótica*
	Gerardo de Mello Mourão	*Pavanas (2a. Edição)*
	Helena Armond	*20 Poemas: Velaturas*

	Jonas A. Morioka e outros	300 anos de Ukiyo-e (Retrospectiva de Costumes do Japão Através da Xilogravura)
	José Carlos dos Santos Ignácio	Verde Amarelo, Claros
	Jussara Moraes Nunes Ferreira	Fruteira
	Lígia de Oliveira Leite	Longo Tema
	Lígia Hortélio	História de uma Manhã: Registro Fotográfico
	Lucila Fragetti	Paixão
	Luisa Deane	Pedra e Nuvem
	Maria Abadia Silva	Cabeça/Cauda
	Maria Lúcia Silveira Rangel	Vida em Tom Menor
	Marília Freidenson	Sequência
	Neusa Cardoso	Safadezas 1982-1986
	Norma Guimarães	Corpos - Ensaio Fotográfico
	Olga Savary	Linha d´Água
	Renato Gonda	Primeira Ronda à Margem da Serpente & Canto ao Canto
	Sérgio Atilano	Vermelho Rápido
	Virginia Lombardi	Vertentes do Sonho
	Zélia Ladeira Veras de Almeida Cardoso	Tríptico
1988	Akemi Waki	Aldeia de Arcozelo
	Amilcar Neves	Movimentos Automáticos
	Andrée Hazan	Verdevida
	Anna Maria Russo	Domingo à Tarde
	Anna Muylaert	Vai!
	Matsuo Bashō	Primavera
	Beatriz Helena Ramos Amaral	Encadeamentos
	Carmen Silvia Cerqueira Cesar	Cristais
	Casemiro Xavier Mendonça	Figura e Objeto
	Claudia Alencar	Maga Neon
	Diva Cardacci	Caminhos
	Escola de Psicanálise de São Paulo	Lavratura - Ano 2, n.1 - Textos de Psicanálise
	Franco Terranova	Memórias, Rumores
	Fundação de Arte e Cultura de Ubatuba	20 Anos de Poesia - Autores Premiados
	Hamilton Faria	Cidades do Ser
	Helena Armond	Corredor de Espera
	Lêdo Ivo	O Soldado Raso
	Luiz Carlos Lisboa	Ante-sala
	Márcia Metran	Cuidado, Frágil
	Maria Danielle Estenssoro	De Costas
	Mariselda Bumajny	Brinde a Vida
	Paulo Brombal	Tessitura
	Renata Machado	Tardes Secretas
	Renata Pallottini	Esse Vinho Vadio

1989	Abel Pereira	*Hai-kais Vagaluminosos*
	Abel Pereira	*Mármore Partido*
	Aluísio Dias Lopes	*All - A Língua Luz*
	Baby Mota	*Vida em 2 Tempos: Tempo de Reticencias, Tempo de Crônicas*
	Bassan Gomes de Sá	*Escritos em Letra de Amor*
	Bassan Gomes de Sá	*Normalismo Sagrado*
	Cândida Arruda Botelho	*O Lagarto e a Rosa*
	Carlos Felipe Moisés	*Subsolo*
	Carlos Nejar	*Recepção na Academia Brasileira de Letras*
	Clovis Wey Junior	*Pátina*
	Diva Cardacci	*Versos d´Alma*
	Dora Ferreira da Silva - diretora	*Cavalo Azul - Revista*
	Ebrahim Ramadan	*O Beijo da Chuva na Aurora Azul*
	Eudoro Augusto	*O Desejo e o Deserto*
	Fernando Pessoa	*Imarcescível*
	Franz Rulli Costa	*Porto das Damas*
	Fúlvia Carvalho Lopes	*Tatuagem*
	Giorgia Werneck	*Balada Terna para...*
	Hilda Hilst	*Amavisse*
	Izá Tilde	*O Direito ao Avesso*
	Jacob Pinheiro Goldberg	*Ritual de Clivagem*
	Lilian Parente	*Aconchego*
	Marcos Almir Madeira	*A Revolução Francesa*
	Maria Amália Correa Giffoni	*Reinado do Rosário de Itapecerica*
	Maria Elisa Magalhães	*Canto Aprisionado*
	Marly de Oliveira	*Obra Poética Reunida 1958-1988*
	Mildes Campanário	*De Corpo Inteiro*
	Mirian Portela	*Doces Rios do Medo*
	Olga Savary	*Retratos*
	Olga Savary - trad.	*Haikais de Bashō*
	Raul Marino Júnior	*O Cérebro Japonês*
	Roberto Fernando de Andrade	*Viagens no Tempo*
	Ruth Villela Cavalieri	*Beira Vida*
	Sakae Murakami Giroux	*Kyogen: O Teatro Cômico do Japão*
1990	Abel Pereira	*Poesia até Ontem*
	Beatriz Helena Ramos Amaral/ Elza Aparecida R. Amaral	*Primeira Lua*
	Betty Feffer	*Setênios*
	Carlos Nejar	*A Idade da Aurora (2ª ed.)*
	Celso Divino F. Farias	*Labirintos*
	Cláudio Murilo Leal	*As Guerra Púnicas*

RELAÇÃO DE OBRAS

	Eliane Fonseca *	Histórias de Ventania
	Eunice Arruda	Gabriel:
	Franz Rulli Costa	Porto Inseguro
	Geraldo Pires Albuquerque (apr.)	Tanguan
	Gustavo Alberto C Pinto	Gotas de Orvalho
	Gustavo Alberto Correa Pinto	Relampagos - 88 Haikais
	Hilda Hilst	O Caderno Rosa de Lori Lamby
	Iza Ramos de Azevedo Souza	Contos para Ler, Ouvir e Sonhar
	João Metello de Mattos	Kasuga-tai: Um Laço entre o Brasil e o Japão
	Jorge Mourão	Brasilian Connection: Uma Viagem Cinematográfica
	José Kleber	Praia do Sono
	José Roberto Fernandes	Tempos Diversos
	Lara de Lemos	Águas da Memória
	Leonor Scliar-Cabral	Romances e Canções Sefarditas
	Luís Augusto Cassas	Rosebud
	Márcia Sandy	Herança
	Marien Calixte	Livro de Haikais
	Miguel Reale	Vida Oculta
	Milton Teixeira	Confissões de um Advogado
	Nelson T, Kishi *	Amo Teu Oxigênio
	Olga Gil	Resgate
	Otávia Pagano	Histórias de Você
	Paulo Roberto do Carmo	Breviário da Insolência
	Raquel Naveira	Fonte Luminosa
	Renato Gonda	Fugitivo dos Homens
	Roberto Saito e outros (orgs.)	100 Haicaístas Brasileiros
	Sérgio Rojas	Improviso para Silêncio e Sopros
	Suzana Vargas	Sombras Chinesas
	Valdo Motta	Poiezen
	Vários	Mulheres (in)Versos
	Walmir Cedotti	Eco Lógico
1991	Adriano Gambarini	Verde Magia
	Antonio Gama	Diário de um Turista
	Antonio Martins	Chão do Tempo
	Baby Motta	Amor Hai-kai
	Carlos Nejar	Miguel Pampa (2a. Edição)
	Carlos Nejar	O Túnel Perfeito
	Diva Cardacci	Laços Afetivos
	Emil Barbour	Para Inventar o Luar
	Fernando Achiamé e outros	Catálogos de Bens Tombados no Espírito Santo
	Fernando Ferreira de Loanda	Kuala Lumpur

	Franco Terranova	*Lúcida Lamina*
	H. Masuda Goga e outros	*As Quatro Estações - Antologia do Grêmio Haicai Ipê*
	Heleusa Figueira Câmara	*40 Graus de Outono*
	Jaceguay Lins	*O Segundo Livro de Enoch*
	José Carlos dos Santos Ignácio	*Beiradas de um Olhar por Dentro*
	José Eduardo Mendes Camargo	*Sonhos*
	José Irmo Gonring	*A Água dos Dias e o Curso do Rio*
	Kikuo Furuno	*Numa Campina Verde-Mar Distante*
	Lacy Ribeiro	*Contos Bastardos*
	Lacy Ribeiro	*Rocks e Baladas de Marcos Furtado*
	Lêdo Ivo	*O Aluno Relapso*
	Luís Bogo	*Pequenas Causas*
	Luiz Carlos Almeida Lima	*A Companhia das Palavras*
	Luiz Fernando Höfling	*O Sétimo Selo*
	Luiz Paulo Lindenberg Sette	*A Revolução Samurai*
	Manoel Knopfholz	*Estações*
	Marco A. F. Schneider	*Carta a Lilith & Outros Escritos Sangrados*
	Maria Afonso Penna	*Passionata*
	Marien Calixte	*Não Amarás*
	Marlene Porto	*Cícero: Cartas a Marco*
	Marta Gonçalves	*Cavalos Verdes*
	Mauro Salles	*Coisas de Crianças*
	Mildes Campanário	*Palavra Vai, Palavra Vem...*
	Raimundo Gadelha	*Um Estreito Chamado Horizonte*
	Roberto Almada	*Elegia de Maiorca*
	Rodrigo de Haro	*Amigo da Labareda*
	Sebastião Ribeiro	*Ar Dor Arte*
	Seleno Gaia	*Entre Dois Espelhos*
	Sérgio Vale	*A Melancolia*
	Silvia Jacintho	*Lavoura de Infinito*
	Solange Arruda	*A Linguagem do Coração*
	Solange Rebuzzi	*Contornos - Poesia*
	Takuboku Ishikawa	*Tankas*
	Tania Horta	*Coração Fechado para Obras*
	Teresa Julieta Andrade	*Variável Serenidade*
	Teresinha Peron	*Rés-do-chão*
	W. F. Padovani	*Todo Homem Quer Ser Rei e Viver para Sempre*
1992	Afonso Henriques Neto	*Avenida Eros*
	Afonso Henriques Neto	*Piano Mudo*
	Aluysio Mendonça Sampaio	*Ainda É Noite*
	Anna Maria Russo	*Lua Descabida*

	Bruno Cattoni	*Conspirações e Inconfidências de um Caçador de Meninas Gerais*
	Cristiane Neder	*Revolution*
	Delores Pires	*Haicaistas Brasilienses*
	Diva Cardacci	*Veredas*
	Delores Pires	*Antologia de Haicaístas Brasilienses*
	Delores Pires	*Outono*
	Ely Bassoi	*Mulheres Parindo Amor*
	Ely Bueno	*Cortes*
	Estela Bonini	*Haikai para Van Gogh*
	Fábio Meirelles	*De Pernas Abertas*
	Fabio Weintraub	*Toda Mudez Será Conquistada*
	Guta Marques Porto	*No Ombro da Noite*
	Hilda Hilst	*Bufólicas*
	J. B. Donadon Leal	*Dô Caminho - Hai Kais*
	José Benedito Danadon Leal	*Dô Caminho*
	José Eduardo Mendes Camargo	*Delírios*
	Lilian Parente	*Desiderata*
	Lucia Guiomar Teixeira	*Expressão Guaruaba*
	Luiz Roberto do Nascimento e Silva	*Arco da Manhã*
	Maurício Salles Vasconcelos	*Sonos Curtos*
	Miriam Brenner	*Sombra-luz*
	Raymundo Amado Gonçalves	*Tharsis*
	Ricardo Alcântara	*Você Faz Isso Melhor Que Ninguém*
	Roberto Almada	*O Livro das Coisas*
	Ronald Zomignan Carvalho	*Olhar Girassol*
	Ronan Alves Pereira	*Possessão por Espírito e Inovação Cultural*
	Tânia Belfort	*Dimensões*
	Terezinha Bertazzi	*Sendas de Tupã*
	Vários	*Ofício*
1993	Alina e Massao Okinaka	*Perenidade e Vida – Catálogo*
	Aurora Duarte	*Testamento Insensato*
	Beatriz Alcântara	*Daquém e Dalém Mar*
	Beatriz Helena Ramos Amaral	*Poema Sine Praevia Lege*
	Carlos Augusto Muñoz	*O Lorde*
	Claudia Gondim	*Cronos: Memória e Paixão*
	Cyro Armando Catta Preta	*Palhas do Tempo*
	Diva Cardacci	*Jardim Azul*
	Elaine Schevz	*O Dentro de Perto*
	Ésio Macedo Ribeiro	*E Lúcifer Dá Seu Beijo.*
	Franz Rulli Costa	*Porto Surubim*
	George Matsas	*O Espírito da Floresta*

	Gerônima Aznar	*Velhas Histórias*
	Humberto Senegal e outros	*Antologia do Haicai Latino-Americano*
	Jane Arduino Perticarati	*Os Cânticos de Débora*
	Leila Romero	*Poemas para Navegar*
	Magda Lugon	*Os Limites do Reino - Haikais*
	Maria Aparecida Scarelli	*Um Leão e o Atlântico*
	Mauro Salles	*O Gesto*
	Mauro Simon	*O Tempo Todo*
	Oséas Singh Júnior	*Adeus Cinema*
	Paulo Borba Casella	*Ciclo de Vida*
	Raymundo Amado Gonçalves	*Ruah*
	Silvia Jacintho	*Helênica*
	Telma Lúcia	*Levanta, meu povo*
	Teresinha Peron	*Pão & Circo: Crônicas*
	Teruko Oda	*Nos Caminhos do Haicai*
	Vários	*Antologia do Haicai Latino-Americano*
	Vários	*De Poetas, Médicos, Loucos... Antologia*
	Zélia Barreto	*De Todo o Coração*
	Zenaide Bachega Ortolan	*Vertentes*
1994	Abel Pereira	*Saudações Acadêmicas*
	Matsuo Bashō	*Palhas de Arroz*
	Bernard Waldman	*Pousadas de Palavras Viajantes*
	Beyla Genauer	*Galo de Chagall*
	Carlos Castejón	*Versos do Tempo Amassado*
	Elisa Lucinda	*O Semelhante*
	Ely Veitez Lanes	*A Senhora das Sombras*
	Gilberto Mendonça Teles	*& Cone e Sombras*
	H. Masuda Goga	*Haicais*
	José Eduardo Mendes Camargo	*Luminescências*
	Luís Carlos Vinholes	*Menina Só*
	Magdalena Sá	*Pacto com o Umbigo*
	Marien Calixte	*Lua Imaginária*
	Mauro Salles	*Reisen*
	Nanna de Castro	*Perverso*
	Oldemar Franco Vieira	*Gravuras ao Ventos*
	Olga Curado	*Passa pra Dentro, Menina!*
	Olga Savary	*Éden Hades*
	Olímpio José Garcia Matos	*O Natal no Sabadoyle*
	Paulo Franchetti	*Haicais*
	Paulo Ludmer	*Linguaçodada*
	Ricardo Silvestrin	*Palavra Mágica*
	Ricardo Trapé Trinca	*A Canção do Vento*

	Roberto Marinho de Azevedo	*Aos Pés de Hibérnia ou a Cruel Cinderela*
	Ronaldo Cunha Lima	*Versos Gramaticais*
	Saigyó Sato Norikiyo	*Poemas da Cabana Montanhesa*
	Sérgio Melo e Sebastião de Melo	*Nenhuma Dor Maior*
	Teruko Oda	*Relógio de Sol*
	Vários	*Nihongo: Curso Elementar de Kanji*
	Vários	*Dicionário Básico Japonês-Português (5a. Edição)*
	Wanderlei Midei	*Vento da Montanha*
	Weydson Barros Leal	*Círculos Imprecisos*
1995	Afonso Henriques Neto	*Abismo com Violinos*
	Bernardo Vorobow e Carlos Adriano (org.)	*Cinepoética*
	Betty Feffer	*Haicais*
	Cecilia Bossi	*Rio do Tempo*
	Cecilia Egreja	*Sonhos Diversos*
	Elias Rosenthal	*Cem Anos da Descoberta dos Raios X*
	Eunice Arruda (org.)	*Mãeternidade*
	Hilda Hilst	*Cantares do Sem Nome e de Partidas*
	José Kabalan Fakhoury	*Ausência*
	Lucinda Nogueira Persona	*Por Imenso Gosto*
	Luiz A.G.Cancello	*Dia-a-dia: Fragmentos*
	Márcio Tavares D´amaral	*Antevéspera do Anjo*
	Maria Isabel Lapa/Luciana Dias da Silva	*Pintura Decorativa*
	Mauro Salles	*Recomeço*
	Odylo Costa Filho	*Boca da Noite*
	Oliver Quinto	*De Perecer*
	Peggy Carvalho	*Dança das Estações*
	Rachel Gutiérrez	*Comigos de Mim*
	Reimei Yoshioka	*Por Que Migramos do e para o Japão*
	Roberto Leonardos	*Alguma Andança*
	Samuel Szwarc	*Contos Judaicos e Outros Nem Tanto*
	Stella Leonardos	*Memorial do Tietê*
	Tomekiti Goto	*Como uma Erva Silvestre*
1996	Afonso Paim	*A Agenda Teórica dos Liberais Brasileiros*
	Akira Aoki	*Maria da Conceição: Romance Epistolar*
	Ayres da Cunha	*Ponto de Partida*
	Christine Fontenele Eksterman	*Enquantos*
	Diógenes da Cunha Lima	*Livro das Respostas*
	Dora Ferreira da Silva	*Poemas da Estrangeira*
	Edgard Godoy de Almeida Castro	*Máscaras*
	Paulo Dantas	*Euclides da Cunha e Guimarães Rosa: Através dos Sertões*

	Flávio Luís Ferrarini	*A Captura das Águas*
	Franz Rulli Costa	*Relógio na Chuva*
	Inácio da Silva Telles	*Andanças pelo Sertão*
	Ivan Wrigg Moraes	*3X4: Poesia*
	João Melão Neto	*A Cartilha do PFL -2000*
	Josélio Gondin	*Sob o Sol do Nordeste*
	Leila Echaine	*Pequenos Cantos do Fraterno*
	Marcelo de Almeida Toledo	*Contos, Crônicas & Poesias*
	Maria Braga Horta	*Caminhos de Estrelas*
	Mauisa Annunziata	*Virações*
	Mauro Salles	*O Livro do PFL - Educação e Emprego*
	Mosteiro Zen	*Livro de Receitas*
	Neusa Cardoso	*Cantigas de Amor, sem Escárnios e Maldizer*
	Paulo Dantas	*Euclides da Cunha e Guimarães Rosa: Os Livros, os Autores*
	Paulo Klein	*Vôo na Miragem*
	Pedro Maciel	*Longe da Terra Dentro do Ar*
	Rodrigo Penteado	*Os Contos Que as Fadas Não Contam*
	T.S. Eliot	*Corais de "O Rochedo"*
	Viviane Fuentes	*O Pescoço da Girafa*
1997	Alice Camargo Guarnieri	*40 Haicais*
	Ary de Andrade	*Nascimento da Rosa*
	Caê Guimarães	*Por Baixo da Pele Fria*
	Cecilia Ferreira	*Instantâneos*
	Denise Guinle	*Poesia de Avental*
	Dora Ferreira da Silva	*Poemas em Fuga*
	Edgard Duvivier/ Eduarda Duvivier	*Edgard Duvivier*
	Edith Arnhold	*Oppidum*
	Gilberto de Mello Kujawski	*Patriotismo e Nacionalismo*
	Institutos Tancredo Neves/ Friedrich Naumann	*O Prefeito: Seus Direitos e Deus Deveres*
	Jelson Oliveira	*Terra de Livres*
	José Luís Monteiro	*A Erosão da Saudade*
	Judith Domingues Marés González	*Véspera*
	Karl-Hermann Flach	*O Futuro da Liberdade*
	Kleber Gutierrez	*Letra*
	Laércio de Carvalho Ribeiro	*Pássaros de Aço*
	Lara de Lemos	*Inventário do Medo*
	Leila Echaime	*Longe de Mim*
	Leyde Ribeiro Zorowich Lutti	*Síssi, a Menina Iluminada*
	Marco Maciel	*Manual do Vereador (3a. Edição)*
	Marco Maciel e outros	*Desafios ao Liberalismo Brasileiro*

	Monika von Koss	Hera: Um Poder Feminino
	Nilza Amaral	O Florista
	Teresa Cristina Meireles de Oliveira	Carlos Drummond de Andrade 1987
	Ubiratan Borges Macedo	O Liberalismo Moderno
	Viviane Fuentes	A Tromba do Elefante
	Zorowich Lutti	A Menia Iluminada
1998	Adelaide Petters Lessa	Augusto
	Águeda Zerôncia	Uma Linguagem para o Imaginário
	Beatriz Helena Ramos Amaral	Planagem - Obra Reunida (1983/1997)
	Eduardo Bueno de Santa Maria	Estros em Prosa
	Ernane Guimarães Neto	Caprichos de Dores
	Francisco Fausto Paula de Medeiros	O Vinho Negro da Paixão: Discurso sobre a Negritude e a Libertação do Homem Negro
	Geny Marcondes	Romãs no Inverno
	Instituto Tancredo Neves	Carta de Salvador: Liberdade e Participação Social
	João Melão Neto	Aproximar Políticos e Cidadãos
	Leila Echaime	Poemas do Rio Encantado
	Leonor Scliar-Cabral	De Senectute Erotica
	Marcello Pimentel	Efemérides
	Marcelo de Almeida Toledo	Anatomia Topográfica
	Og Francisco Leme	Dois Modelos Extremos de Organização Social e Política
	Olga Savary	Anima Animalis
	Partido da Frente Liberal	Premissas e Projeções para um Programa de Governo
	Partido da Frente Liberal	Uma Política Social para o Brasil: A Proposta Liberal
	Paulo Ludmer	Outrarias
	Selvino Antônio Malfatti	Proposta de Organização da Sociedade
	Solange Menegale	De Estrelas e Escorpiões
	Teresa C. M. de Oliveira	Cantares de Marília
	Vera Perez	Atenção
	Vera Perez	Loucura e Transcendência da Ignorância à Luz
	Vilmar Rocha	O Liberalismo Social, uma Visão Doutrinária
	Zélia Barreto	Na Medida do Impossível
1999	Antonio Carlos Floriano	Cadernos do Japão
	Caê Guimarães	Entalhe Final
	Diógenes da Cunha Lima	A Memória das Cores
	Djalma Allegro	Retomada
	Fausto Bergocce	Sem Perder a Linha
	Hilda Hilst	Do Amor
	Idelma Ribeiro de Faria	Emoção e Memória - Obra poética 1949-1999

	Instituto Tancredo Neves	*Brasil 500 anos - Balanços e Perspectivas*
	Jacintho Silvia	*Chama*
	João Carlos Espada	*Direitos Sociais de Cidadania*
	João Francisco Franco Junqueira	*Orlândia de Antigamente: Uma Memória Fotográfica*
	Lígia de Oliveira Leite	*Das Emoções*
	Lourenço Sbragia	*Olhar do Retrovisor*
	Madô Martins	*Doce Destino*
	Ricardo Vélez Rodriguez	*Keynes: Doutrina e Crítica*
	Roberto Goto	*O H da História*
	Rogério Ribeiro da Luz	*Centro Velho de São Paulo: Memória, Momento*
	Sônia Maria Fernandes Ferreira	*Rosa La France: a Vida Cotidiana de uma Feminista Que Odiava Rosas*
	Verônica Cestac	*Neste Verão*
	Victor Leonardi	*Livro Verde das Horas*
	Viviane Fuentes	*A Língua do Tamanduá*
2000	Afonso Paim*	*Desenvolvimento Econômico*
	Anderson Braga Horta	*Fragmentos da Paixão*
	Armindo Fraga	*A Retomada do Desenvolvimento*
	Cássia Janeiro	*Poemas de Janeiro*
	Cuca Domenico	*Gato Pardo*
	Elisabete Tassi Teixeira	*Adágio das Rosas*
	Erika Christina Goethe	*Jardins Iluminados*
	Fernando Pessoa/ Luci Sciascia Cruz	*Rebanho*
	Francisco Leme (org.) *	*Cadernos Liberais 7: Dois Modelos Extremos de Organização Social e Política*
	Giselda Leirner	*A Filha de Kafka*
	Instituto Tancredo Neves	*Cenários e Projetos para o Brasil no Século XXI*
	Lindolfo Ernesto Paixão	*Memórias do Projeto RE-SEB*
	Lúcia Gomes Mendonça	*ComoVida*
	Luciana Wis	*Vida*
	Marly de Oliveira	*Uma Vez, Sempre*
	Sérgio Saraceni	*Ângelo: Espelho da Memória*
	Silvana Salles	*Coincidências*
	Silvia Jacintho	*Rama*
	Telma Lúcia	*Grito Calado*
	Vários*	*Cadernos do PFL n. 1 a 12*
	Vários*	*Cadernos do PFL n. 21 e 22*
	Vários*	*Cadernos do PFL n. 23 a 25*
	Vários*	*Cadernos do PFL n. 26 e 27*
	Vários*	*Cadernos do PFL n. 13 a 20*
	Verônica Tamaoki	*O Fantasma do Circo*
	Victor Leonardi	*Território do Escritor: Diminuto e Heróico*

2001	Mauro Salles	*A Poesia É Necessária?*
	Paulo Ludmer	*Alcinhas*
2002	Cristina Bastos	*Teia*
	Donaldo Mello	*Véspera de Azul*
	Fabio Braga	*Primum Mobile*
	Leila Echaime	*Cantares de Prisioneira*
2003	Sônia Salmeron	*Saudade Cidade*
2004	Ana Luiza Fonseca	*Luas de Papel*
	Mauro Salles	*O Centenário de Cecília Meireles*
	Mauro Salles/Lucila Nogueira	*O Livro e os Idos de Abril*
2005	Edith Arnhold	*Haikais para Amados Cães*
	Mauro Salles	*O Presépio e Outros Poemas de Natal*
2006	Antônio Olinto	*Ave Zora Ave Aurora*
	Carlos Seabra	*Haicais e Que Tais*
	Leila Echaime	*Delírios*
2007	Leila Echaime	*Almas Minhas Inquietas*
	Leila Echaime	*Elegíadas*
	Yara Maria Camillo	*Volições*
2008	Marisa Sarmento da Silveira	*Ramalhetes de Haikais*
2010	Cléa Pilnik	*Escritos Interessantes, Interesseiros e Interessados*
	José Eduardo Gomes Pereira	*Rapsódia Breve*

BIBLIOGRAFIA

LIVROS

AMARAL, Maria Adelaide. *Aos Meus Amigos*. São Paulo, Globo, 2009.

BRITO, Mário da Silva. *História do Modernismo: Antecedentes da Semana de Arte Moderna*. São Paulo, Saraiva, 1958.

BRITO, Mário da Silva. *Panorama da Poesia Brasileira: O Modernismo*. Rio de Janeiro, Civilização Brasileira, 1959.

Cadernos do Povo Brasileiro. Violão de Rua: Poemas para a Liberdade. Rio de Janeiro, Civilização Brasileira, vol. I (1962), vol. II (1962), vol. III (1963).

DUARTE, Aurora. *Faca de Ponta*. São Paulo, Imprensa Oficial, 2000. Coleção Aplauso.

FARIA, Álvaro Alves de; MOISÉS, Carlos Felipe. *Antologia Poética da Geração 60*. São Paulo, Nankin, 2000.

GUEDES, Luiz Roberto (org.). *Paixão por São Paulo: Antologia Poética Paulistana*. São Paulo, Terceiro Nome, 2004.

HOLLANDA, Heloisa Buarque de. *26 Poetas Hoje: Antologia*. 2ª ed. Rio de Janeiro, Aeroplano, 1998.

_____ . *Esses Poetas: Uma Antologia dos Anos 90*. Rio de Janeiro, Aeroplano, 1998.

_____ . *Impressões de Viagem – CPC, Vanguarda e Desbunde: 1960/70*. São Paulo, Brasiliense, 1980.

_____ . & GONÇALVES, Marcos A. *Cultura e Participação nos Anos 60*. São Paulo, Brasiliense, 1982.

_____ .; GONÇALVES, Marcos A. & FREITAS FILHO, Armando. *Anos 70: Literatura*. Rio de Janeiro, Europa, 1979.

HUNGRIA, Camila & D'ELIA, Renata. *Os Dentes da Memória*. São Paulo, Azougue, 2011.

LARANJEIRA, Mário. *Poética da Tradução: do Sentido à Significância*. São Paulo, Edusp, 2003.

LYRA, Pedro. *Sincretismo: A Poesia da Geração 60*. Rio de Janeiro, Topbooks, 1995.

MILLIET, Sergio. *Panorama da Poesia Brasileira: O Modernismo*. Rio de Janeiro, Ministério da Educação e Saúde – Serviço de Documentação, 1952.

MOISÉS, Carlos Felipe. *Balaio: Alguns Poetas da Geração 60 & Arredores*. Florianópolis, Letras Contemporâneas, 2012.

SILVA, José Armando Pereira da. *João Suzuki, A Travessia do Sonho*. Santo André, Alfarrábio, 2009.

TELES, Gilberto Mendonça. "A Aventura da Transgressão". *Contramargem – Estudos de Literatura*. Rio de Janeiro, PUC / São Paulo, Loyola, 2002

TOLEDO, Marleine Paula. *Olga Savary – Erotismo e Paixão*. Cotia (SP), Ateliê Editorial, 2009.

JORNAIS E REVISTAS

ALMEIDA, Sérgio Pinto de. "O Editor Nanico que Mudou o Rosto de Nossos Livros". *Folha de S. Paulo*, 15 jul. 1978.

CAMPOS, Augusto de; PIGNATARI, Décio & CAMPOS, Haroldo de. "Plano Piloto da Poesia Concreta". *Noigandres 4*, 1958.

CARPEAUX, Otto Maria. "Antologia dos Novíssimos". Suplemento Literário de *O Estado de S. Paulo*, 30 set. 1961.

CONVIVIUM – Revista de Investigação e Cultura. Número especial sobre a poesia brasileira. Ano IV, n. 5-6, vol. 7, São Paulo, jul.-ago.-set. 1965

GONÇALVES, Delmiro. "Revolução da América do Sul". *O Estado de S. Paulo*, 25 set. 1960.

KASSAB, Álvaro & GOMES, Eustáquio. "Augusto de Campos, o Vocalista da Alma e da Forma". *Jornal da Unicamp*, n. 24, 30 nov. 2008.

MILLIET, Sergio. "Os Novíssimos". *O Estado de S. Paulo*, 11 out. 1959.

TAVARES, Carlos. "Ninguém Conhece a Poesia no Nordeste" (Entrevista com Massao Ohno). *A União*, João Pessoa, PB, 19 dez. 1993.

"UMA FEIRA PARA MASSAO Ohno Vender Poesia e Arte". *Jornal da Tarde*, São Paulo, 5 out. 1976.

WILLER, Claudio. "Teve a Ousadia de Criar uma Geração Literária". *O Estado de S. Paulo*, 15 jun. 2010.

YAMASHIRO, Cíntia. "Massao Ohno Comemora 45 Anos de História Editorial". *Jornal do Nikkey*, São Paulo, 16 dez. 2004.

DEPOIMENTOS

BIBLIOTECA MÁRIO DE ANDRADE, São Paulo. Projeto Memória Oral: Depoimento de Claudio Willer em 8 de fevereiro de 2008

_____ . Projeto Memória Oral: Depoimento de Massao Ohno em 3 de abril de 2009.

INSTITUTO MOREIRA SALLES. Homenagem a Massao Ohno (Depoimentos impressos). São Paulo, IMS, 2004.

FILMES

Uma Outra Cidade. Direção de Ugo Giorgetti, 2000.

Massao Ohno – Poesia Presente. Direção de Paola Prestes, 2015.

ÍNDICES

OBRAS

3x4: poesia, 281
6 Desenhistas Brasileiros de Humor, 162, 266
9 Poemas, 18, 101, 265
10 Poemas, 182, 267
20 Anos de Poesia – Autores Premiados
20 Poemas, 137, 267
20 Poemas com Brócoli, 65, 67, 268
20 Poemas: Velaturas, 274
26 Poetas Hoje, 31, 202
33 Experimentos e uma Suíte, 271
40 Graus de Outono, 277
40 Haicais, 281
100 Haicaístas Brasileiros, 145, 276
300 Anos de Ukiyo-e, 137, 274
a agenda teórica dos liberais brasileiros, 281
Abismo com Violinos, 22, 230, 232, 233, 280
Abra os Olhos & Diga Ah, 20, 65, 66, 182, 267
Aconchego, 275
Adaga Lavrada, 202, 269

Adágio das Rosas, 283
Adeus Cinema, 170, 172
Adol (Essência), 182, 267
Águas da Memória, 276
Águas de Meia Ponte, 269
Água dos Dias e o Curso do Rio, A, 277
Ainda É Noite, 22, 278
All – Língua Luz A, 275
Alcinhas, 247, 248, 284
Aldeia de Arcozelo, 274
Alguma Andança, 22, 281
Alienação, 272
Alina e Massao Okinaka – Perenidade e Vida, 21, 137, 279
Allen Ginsberg: Portais da Tradição, 273
Almanaque Underground do Grilo, O, 190
Almas de Barro, 44
Almas Minhas Inquietas, 21, 240, 284
Altaonda, 217, 268
Aluno Relapso, O, 214, 215, 277

Amavisse, 127, 130, 275
América Latina: O Trabalho Fotográfico de Geraldo Guimarães, 267
Amigo da Labareda, 88, 90, 91, 277
Amor, 271
Amor e Fúria, 267
Amor, Do, 22, 130, 269, 283
Amor Hai-kai, 145, 277
Amor que o Sol Proibiu, O, 80
Amore, 70, 71, 266
Amo Teu Oxigênio, 276
Ana Clitemnestra, 31
Anatomia Topográfica, 282
Andanças pelo Sertão, 281
Ângelo: Espelho da Memória, 284
Anima Animalis, 282
Animal dos Motéis, O, 202, 269
Annamárias, As, 61, 268
Anjo Amarelo, O, 58
Anjo Maldito, O, 268
Anotações para um Apocalipse, 64, 65, 68, 73, 266
Anulação e Outros Reparos, 20, 77, 266
Antecedentes da Semana de Arte Moderna, 36
Antecipação, 20, 114, 266
Ante-sala, 274
Antevéspera do Anjo, 22, 280
Anthologie des Jeunes Poètes Brésiliens, 30
Antígone América, 31
Antologia, 58
Antologia Brasileira de Poesia Erótica, 220
Antologia de Haicaístas Brasilienses, 145, 278
Antologia da Catequese Poética, 61
Antologia da Nova Poesia Brasileira, 220
Antologia da Poesia Portuguesa Contemporânea, 270
Antologia do Haicai Latino-Americano, 21, 145, 147, 279
Antologia dos Novíssimos, 18, 39, 40, 41, 43, 50, 57, 63, 68, 81, 84, 265
Antologia Noigandres 5, 105, 107, 109, 265
Antologia Poética da Geração 60, 35, 50, 74, 84

Apague Meu Spotlight, 18, 40, 54, 265
Apocalipse 1, 11, 249
Apocalipse Now, 259
Aproximar Políticos e Cidadãos, 282
Arco da Manhã, 278
Ar Dor Arte, 277
Armas da Vingança, 167
Árvore que Andava, A, 266
Astrologia Hoje – Métodos e Propostas, 272
Atenção, 283
Atrás dos Olhos, 270
Através dos Sertões, 22
Augusto, 282
Ausência, 22, 280
Aveávida, 271
Avenida Eros, 231, 233, 278
Avenida Paulista, 56
Aventura Surrealista, A, 70
Ave Zora Ave Aurora, 284
BALADA TERNA PARA..., 275
Balde, Um, 270
Bananal: Cidade Histórica, Berço do Café, 269
Bandido da Luz Vermelha, O, 170
Bar Chamado Juão, Um, 160, 266
Baú de Couro, 269
Beijo dos Neurônios, O, 269
Beijo da Chuva na Aurora Azul, O, 275
Beiradas de um Olhar por Dentro, 277
Beira Vida, 275
Beleza Sempre, 269
Benvindo, 182, 267
Berta e Isabô, 124
Bichário, 78
Bicicleta Amarela, 56
Bié, 266
Biografia a Três, 269
Boca da Noite, 280
Bomba de Estrelas, 82
Bom Dia, Tristeza, 44
Borboleta Assustada, A, 266

Bosco, 273
Brasil 500 Anos – Balanços e Perspectivas, 283
Brasileiros: Uma Tragicomédia, Os, 272
Brasilian Connection: Uma Viagem Cinematográfica, 276
Breve Outra Noite, Em, 273
Breviário da Insolência, 276
Brincadeiras de Anjo, 228
Brinde a Vida, 275
Brinquedos, 273
Bufólicas, 123, 278
Burnt Norton, 47
cabeça/cauda, 274
Caçadores de Imagens, 270
Cachorro do Meu Vizinho, 271
Caderno Rosa de Lori Lamby, O, 122, 123, 276
Cadernos de Oficina, 156
Cadernos do Japão, 283
Cadernos do pfl, 244, 284
Caixa de Cimento, 31
Caminhada, 271
Caminhante da Noite, 270
Caminho, Dô, 145, 278
Caminhos, 274
Caminhos de Estrelas, 281
Caminhos do Haicai, Nos, 145, 146
Campina Verde-Mar Distante, Numa, 137, 138, 277
Canal, 158
Canção de Amor: Êxtase, Uma, 272
Canção do Vento, A, 280
Canção na Voz do Fogo, 238
Cancioneiro de um Jogral de São Paulo, 273
Canções do Silêncio, 27, 265
Cantar Meu Povo, 119, 121, 268
Cantares de Marília, 283
Cantares de Perda e Predileção, 124, 125, 271
Cantares de Prisioneira, 284
Cantares do Sem Nome e de Partidas, 22, 129, 280
Cânticos da Terra, 22, 114, 116, 266
Cânticos de Débora, Os, 279

Cantigas de Amor, sem Escárnio e Maldizer, 281
Canto Aprisionado, 275
Canto do Mar, O, 167
Cantografia, 86, 87, 270
Cantos do Campo de Concentração do Horror e da Paixão, 83
Caprichos de Dores, 282
Captura das Águas, A, 281
Carandiru, 249
Carícia Essencial – Uma Psicologia do Afeto, A, 271
Carlos Drummond de Andrade 1987, 282
Carma Carnadura, 244
Carnaval, 269
Carta de Salvador, 282
Cartas à Dansarina, 27, 28, 265
Carta a Lilith & Outros Escritos Sangrados, 277
Cartas a Nora Barnacle, 257, 270
Cartas de um Sedutor, 124
Cartilha, 266
Cartilha do pfl *– 2000, A*, 281
Casa da Infância, A, 271
Catador de Ventos, O, 20, 272
Catálogos de Bens Tombados no Espírito Santo, 277
Cavalo Azul, 275
Cavalos ao Sol, 270
Cavalos Verdes, 277
Cem Anos da Descoberta dos Raios x, 280
Cemitério Marinho, 23, 255, 256, 268
Cena Macaca, 163
Cenários e Projetos para o Brasil no Século xxi, 284
Centenário de Cecília Meireles, O, 284
Centro Velho de São Paulo: Memória, Momento, 283
Cérebro Japonês, O, 275
Cerejas, Meu Amor..., 120, 121, 271
Céu de Estrelas, Um, 249
Chão do Tempo, 277
Chama, 283
Chapéu – 1962-1987, 273

Cicatrizes, 270
Cícero: Cartas a Marco, 277
Ciclos, Os, 19, 60, 61, 266
Ciclotimia, 271
Cidades do Ser, 274
Cidade com Arcada, 81
Cinema Britânico, 20, 158, 159, 266
Cinema Japonês, 158, 266
Cinema Polonês Hoje, 18, 157, 158, 265
Cinepoética, 170, 171, 280
Cinzas e Diamantes, 158
Círculos Imprecisos, 280
Coincidências, 284
Coisas da Terra, 210
Coisas de Crianças, 277
Collage, 70, 71, 272
Colar de Maravilhas, 22, 269
Comigos de Mim, 281
Como se Fôssemos os Primeiros, 269
Como uma Erva Silvestre, 137, 281
Como Vida, 284
Companhia das Palavras, A, 277
Compasso da Marcha, Ao, 81
Composição em Vermelho, 22, 130, 239
Cone de Sombras, &, 22, 216, 279
Confissões de um Advogado, 276
Conspirações e Inconfidências de um Caçador de Meninas Gerais, 278
Contornos, 278
Contos Bastardos, 277
Contos, Crônicas & Poesias, 281
Contos da Mooca, 271
Contos de Nenhum Lugar, 190, 192
Contos d'Escárnio, 124
Contos Judaicos e Outros Nem Tanto, 281
Contos para Ler, Ouvir e Sonhar, 276
Contos Que as Fadas Não Contam, Os, 281
Contramargem, 214
Coração Americano, 121, 182, 185, 267
Coração Fechado para Obras, 278

Corações Veteranos, 31
Corais de "O Rochedo", 259, 261, 281
Corpo de Sal, 268
Corpo e Alma (13 Fotografias), 271
Corpos – Ensaio Fotográfico, 274
Corpo Inteiro, De, 275
Corpo Significa, O, 70
Corredor de Espera, 274
Cortes, 278
Costas, De, 275
Cotidiano e Solidariedade, 95
Cotidiário, 269
Crepúsculo de Ódios, 167
Cristais, 274
Crônicas Agudas, 272
Crônicas da Noite, 27, 30, 31, 265
Crônicas do Meu Tempo, 270
Cronos: Memória e Paixão, 279
Cruzeiro Turístico, 268
Cuidado, Frágil, 274
Cultura com Aspas, 99
Curso de Conversação, 137
Curva do Azul, Na, 273
Dança das Estações, 280
Daquém e Dalém Mar, 278
Dawn Jordan: Faces, 271
Deambulações do Olhar, 233
Delírios, 278, 284
Dentes da Memória, Os, 39, 74
Dentro de Perto, O, 279
De Pernas Abertas, 278
Desafio do Branco, O, 271
Desafios ao Liberalismo Brasileiro, 282
Desejo e o Deserto, O, 275
Desenhos Musicados, 163, 267
Desenvolvimento Econômico, 283
Desiderata, 278
Desnudamentos, 78
Deus da Chuva e da Morte, O, 82, 187
Devaneio, 206

Devoção e Escravidão, 95
Dia-a-dia, 272
Dia-a-dia: Fragmentos, 280
Diálogo da Ausência, 265
Diamantes de Vidro, 271
Diário da Tarde, 201, 202, 269
Diário de um Turista, 277
Diário do Grande Sertão, 273
Dias Circulares, 72, 73, 182, 267
Dicionário Básico Japonês-Português, 137, 280
Dilúvio às Avessas, 268
Dimensões, 278
Direção Exata, Na, 273
Direito ao Avesso, O, 275
Direitos Sociais de Cidadania, 283
Distante, 241
Divina Comédia Brasileira, A, 82
Dobrando Esquinas, 269
Dô Caminho, 145
Doce Destino, 283
Doces Rios do Medo, 22, 275
Dois Contos e Alguns Vinténs, 268
Dois Modelos Extremos de Organização Social e Política, 282, 284
Domingo à Tarde, 274
Duração Ordinária da Vida, 270
eco lógico, 276
Ecométrica, 267
Éden Hades, 220, 280
Edgard Duvivier, 281
Educação pela Pedra, A, 208
Educar É Preciso, 272
Efemérides, 282
Elipse, 238
Elegia 1938, 213
Elegíada, 182, 185, 267
Elegíadas, 21, 240, 242, 284
Elegia de Maiorca, 277
Elegias de Duíno, 187
Eles Não Usam Black-tie, 55, 151

Embaixador do Vento, O, 40, 68, 266
Emigrante do Paraíso, O, 269
Emoção e Memória, 259, 283
Emoções, Das, 283
Encadeamentos, 237, 238, 274
Encantador de Serpentes, O, 82
Encontro Definitivo do Eu, O, 268
Encontros com a Civilização Brasileira, 202
Enigma dos 7 Dragões Dourados, O, 80
Enquantos, 281
Ensaio IV, 269
Entalhe Final, 283
Entre Dois Espelhos, 277
Equilíbrio das Pedras, O, 20, 182, 267
Equilíbrio de Mim, 271
Equivocrata, O, 182, 267
Era um Dia Assim, 272
Erosão da Saudade, A, 282
Erosmemória, 269
Escorpião e a Valsinha, O, 268
Escrita, 216
Escritos, 69
Escritos em Letra de Amor, 275
Escritos Interessantes, Interesseiros e Interessados, 284
Espelho e a Janela, O, 20, 95, 97, 266
Espiral, 273
Espírito da Floresta, O, 279
Espírito e a Letra, O, 75
Estros em Prosa, 282
Essa Noite Namorar, 271
Esse Amor Cada Vez Mais Raro, 270
Esse Mundo É Meu, 168
Esse Vinho Vadio, 118, 121, 275
Estação Azul, 146
Estação Provisória, 271
Estações, 277
Estado de Choque, 226, 227, 228, 269
Estado de Coma, 272
Estatutos do Homem, 182

Estreito Chamado Horizonte, Um, 277
Estrela Descalça, 40, 44, 265
Estrelas e Escorpiões, De, 283
Étapes, 265
É Tempo de Noite, 18, 40, 45, 265
Euclides da Cunha e Guimarães Rosa: Através dos Sertões, 281
Eu Sinceramente, 270
Eva, 266
Exercícios de Solidão, 268
Exílio, 267
Expressão Guaruaba, 278
FÁBRICA, O POVO, A, 270
Faca de Ponta, 167
Face, 229
Faces, 270
Fantasma da Abolição, O, 268
Fantasma do Circo, 284
Faróis Invisíveis, Os, 88, 91, 268
Fátima e o Velho – Post Mortem, 18, 40, 48, 265
Feito Criança, 272
Festa (Deitada), A, 70
Fibra Ótica, 249, 274
Figura e Objeto, 274
Filha de Kafka, A, 284
Filosofemas, 76, 273
Flauta Silente, 22, 240, 241, 269
Flores de Fogo, 273
Flores de Outono e Inverno, 138
Florestas, 267
Florista, O, 282
Fonte, 273
Fonte Luminosa, 276
Fonte Rosa, 273
Fragmentos da Paixão, 283
Fronteiras do Inferno, 167
Fruteira, 274
Fugitivo dos Homens, 276
Fúlvio Pennacchi, 266
Fundação de Mim, 271

Futuro da Liberdade, O, 282
GABRIEL, 22, 46, 276
Galo de Chagall, 279
Garimpo de Imagens, 272
Gato Pardo, 283
Genetrix, 270
Genocídio dos Caiçaras, 272
Gente Como a Gente, 154
Geração, 87
Gerifalto, O, 56
Gerifalto Primus et Segundus, O, 56
Gesto, O, 279
Gimba, 151
Girassol, O, 244
Grande Sertão: Veredas – As Trilhas de Amor e Guerra de Riobaldo Tatarana, 270
Grande Silêncio, O, 182
Grãos – Poemas de Lembrar a Infância, 272
Gravuras ao Vento, 280
Gretta: Evocative Recollections, 268
Grito Calado, 284
Golden Boy, 41
Gotas de Orvalho, 145, 276
Guardanapos, 271
Guernica, 198, 202, 228
Guernica – Poema Vozes do Quadro de Picasso, 265
Guerras Púnicas, As, 276
Gueto, 202
HAICAIS (Betty Feffer), 145, 280
Haicais (H. Masuda Goga), 145, 279
Haicais (Paulo Franchetti), 145, 280
Haicais e Que Tais, 145, 284
Haicais Para Amados Cães, 145, 284
Haikai Para Van Gogh, 278
Haikais de Bashô, 219, 275
Haikais & Concretos, 144
Hai-kais Vagaluminosos, 145, 275
Haver, O, 203
Hera: Um Poder Feminino, 282

Herança, 276
História Contra a História, 161
História de uma Manhã: Registro Fotográfico, 274
História do Índio no Brasil, A, 99
História dos Samurais, 137, 270
História em Quadrinhos, Uma, 269
Histórias de Ventania, 276
Histórias de Você, 276
Homens Ocos, Os, 259
Horas Queridas, 272
Hotel do Tempo, 269
How & Other Poems, 73
Humoradas Médicas, 265
IDADE DA AURORA, A, 226, 228, 229, 276
Idem, Ibidem, 267
Imarcescível, 275
Imenso Gosto, Por, 280
Imigração Japonesa na História Contemporânea do Brasil, 137, 272
Impreciso Emigrar, 268
Impressões, 27, 30, 265
Improviso para Silêncio e Sopros, 21, 276
Íncaro, 192, 193, 268
Incubadeira, A, 41
Índice de Percurso, 273
Infância na Granja, 22, 267
Infinitivo Pessoal, 271
Infinito Sul, 76
Instantâneos, 281
Invenção da Surpresa, 271
Invenção – Revista de Arte de Vanguarda, 105, 107, 266
Inventário do Medo, 282
Investigação do Olhar, 75, 266
Invocação de Orpheu, 222, 225, 268
Itinerario dos Imigrantes, O,
JARDIM AZUL, 279
Jardins da Minha Vida, Os, 269
Jardins da Provocação, 74, 269
Jardins Iluminados, 283

Jazz na Garoa, O, 161
João Serafim, 226
João Suzuki, Travessia do Sonho, 11
José Yamamoto: Toda uma Vida no Brasil, 272
Júbilo, Memória, Noviciado da Paixão, 124, 267
Juntos, 271
KAOS, 82
Karma de Gaargot, O, 190, 191, 266
Kasuga-tai, 137, 276
Katatruz, 80, 267
Keynes: Doutrina e Crítica, 283
Kuala Lumpur, 277
Kyōgen, 137, 275
LABIRINTO, O, 20, 95, 96, 266
Labirintos, 276
Laços Afetivos, 277
Lagarto e a Rosa, O, 275
Lamentações de Fevereiro, 17, 40, 47, 265
Lâmpada Cialítica, 270
Laocoonte, 259, 261
Lavoura de Infinito, 277
Lavra Lavra, 19, 105, 107, 109, 265
Lavratura, 274
Leão e o Atlântico, Um, 279
Letra, 282
Letras Descalça, A, 76
Liberalismo Moderno, O, 282
Liberalismo Social, uma Visão Doutrinária, 283
Licença Poética, 270
Limites do Reino, Os, 145, 279
Limites do Fogo, Nos, 88, 89, 91, 268
Linguaçodada, 247, 280
Língua do Tamanduá, A, 283
Linguagem do Coração, A, 278
Linguagem para o Imaginário, Uma, 282
Linha d'Água, 21, 221, 274
Lírios Cálidos, 273
Living in the Earth, 46
Livre & Objeto, 268

Livro Aceso e Nove Canções Sombrias, Um, 200, 202, 269
Livro e os Idos de Abril, O, 284
Livro das Coisas, O, 278
Livro das Respostas, 281
Livro de Amor, 30, 267
Livro de Haicais, 21, 145, 276
Livro de Oseias, 98
Livro de Receitas, 281
Livro de Sonetos, 19, 114, 117, 121, 265
Livro do PFL – Educação e Emprego, O, 281
Livro dos Hai-kais, O, 20, 142, 145, 219, 268
Livro Verde das Horas, 283
Lolita, 197
Longe da Terra, Dentro do Ar, 281
Longe de Mim, 240, 241, 282
Longo Tema, 274
Lorde, O, 279
Louco, O, 230
Loucura e Transcendência: Da Ignorância à Luz, 283
Louvação, 182
Lua Descabida, 278
Lua Imaginária, 280
Luar em Kobe, 237
Luas de Papel, 284
Lúcida Lâmina, 244, 246, 277
Lúcifer Dá Seu Beijo, E, 250, 251, 279
Luminescências, 279
Lunalunarium, 182, 183, 267
Luz Fosca do Dia Nascente, A, 270
MACUNAÍMA: RUPTURA E TRADIÇÃO, 267
Madre Joana dos Anjos, 158
Maga Neon, 274
Magma, 21, 218, 219, 271
Mandarim, O, 170
Manual do Vereador, 282
Margem, A, 168
Maria da Conceição: Romance Epistolar, 281
Maria Rica, 265

Mármore Partido, 275
Mascarada, 87
Máscaras, 281
Massao Ohno – Poesia Presente, 38, 39
Matei Minha Mulher, 31
Materia, Mater-materia, 273
Mãeternidade, 46, 280
Medida do Possível, Na, 283
Medo, 27, 30, 265
Melancolia, A, 277
Memória das Cores, A, 283
Memória de Sefarad, 258
Memórias do Projeto re-seb, 284
Memorial do Tietê, 22, 281
Menina Seu Mundo, 182, 186, 187, 267
Menina Só, 144, 145, 280
Mensagem da Estrela, 272
Mercador de Pássaros, 271
Mesmo Que Não Queiras, 268
Mestre na Periferia do Capitalismo, Um, 31
Metalurgia, 87
Método Japonês, O, 137, 273
Metropolitanos, 273
Meu Pão de Cada Dia, 273
Meus Amigos, Aos, 69
Miguel Pampa, 226, 277
Mil Domingos, Os, 272
Mistério do Azul Turquesa, O, 80
Mito e Presença, 266
Mito Perdido, 266
Momentos, 272
Monumento Morto, 266
Mormaço na Floresta, 199, 202, 270
Morte Comanda o Cangaço, A, 167
Morte, Odes Mínimas, Da, 126, 268
Motivos Alheios, 84, 85, 271
Movimentos Automáticos, 274
Mulheres (in) Versos, 276
Mulheres Parindo Amor, 278
Mulher Nua, 183

Musa Inquieta, A, 269
NÃO AMARÁS, 277
Nascimento da Rosa, 281
Narciso em Tarde Cinza, 82
Natal no Sabadoyle, O, 280
Navalha na Carne, 58
Nega Chamada Tereza, Uma, 168
Negro e a Música, O, 20, 161, 266
Negro nas Terras do Ouro, 95
Nenhuma Dor Maior, 280
Neste Verão, 283
Nihongo: Curso Elementar de Kanji, 137, 268, 280
Nikkei e Sua Americanidade, O, 137, 273
Ninho de Estrelas, 271
Noite à Aurora, Da, 273
Nome da Vida, Em, 198, 202, 207, 269
Non Mon Peuple, 98, 99, 265
Normalismo Sagrado, 275
Nós, Marias, 273
Noturno Maior, 84
Novamente É Chegado o Amor, 268
Novolume, 76
Novo Nordeste, O, 168
OBRA POÉTICA REUNIDA, 222, 223, 224, 225, 275
Obscena Senhora D, A, 124, 126, 270
Ode a Fernando Pessoa, 63, 265
Ofício, 278
Ofício das Trevas, 101
O H da História, 283
Oitenta e Cinco Mulheres, 50
Olga Savary, 220
Olhar do Retrovisor, 283
Olhar Girassol, 81, 278
Olho da Solidão, 272
Ombro da Noite, No, 278
Onze Mil Noites, 271
Opivm de Vidro, 273
Oppidum, 282
Órbitas Pedestres, 269

Orlândia de Antigamente: Uma Memória Fotográfica, 283
Ossos do Paraíso, 230
Outono, 278
Outra Cidade, Uma, 39, 74
Outrarias, 247, 283
Outros Poemas, 41, 42, 266
Ouvindo de Passagem: A Conversa Fiada Brasileira, 272
PACTO COM O UMBIGO, 280
Pagador de Promessas, O, 19, 170
Paisagem Doméstica, 87, 272
Paixão, 274
Paixão Segundo Alcântara, A, 272
Palavra Amor, A, 78
Palavra Mágica, 280
Palavra Vai, Palavra Vem..., 277
Palhas de Arroz, 279
Palhas do Tempo, 279
Pamela, 44
Panacéia, 267
Paniedro, 269
Panorama da Moderna Poesia Brasileira, 36
Panorama da Poesia Brasileira: O Modernismo, 36
Panorama do Finnegans Wake, 257
Papoula dos Sete Reinos, 30
Para Inventar o Luar, 277
Para Lembrar o Irmão Menor, 273
Paranoia, 19, 40, 63, 64, 65, 68, 266
Para Ter Onde Ir, 270
Partículas, 144, 145, 272
Passagem Doméstica, 22
Passagem Paisagem, 271
Passa pra Dentro, Menina!, 280
Pássaro e o Náufrago, O, 167, 168, 266
Pássaro Marinho, 95
Pássaro na Gaveta, 27, 28, 29, 265
Pássaros de Aço, 282
Pássaro Silencioso, 267
Passionata, 277

Pastor de Temporais, 268

Pátina, 275

Patriotismo e Nacionalismo, 282

Pavanas, 274

Paz-guerra: Textos e Desenhos Elaborados para Crianças, 273

Pecado Transparente, 271

Pedestre e Homem-Aranha contra Dr. Octopus, O, 78

Pedra e Nuvem, 274

Pedra na Mão, A, 20, 78, 266

Pêndula, 271

Pequenas Causas, 277

Pequenos Burgueses, 156

Pequenos Cantos do Fraterno, 22, 240, 243, 281

Pequenos Funerais Cantantes, 101

Perecer, De, 20, 280

Perfil, 243

Perverso, 280

Pescoço da Girafa, O, 281

Pés de Hibérnia ou a Cruel Cinderela, Aos, 280

Pessoas, as Palavras, As, 46, 182, 185, 267

Piano Mudo, 231, 233, 278

Piazzas, 64, 65, 68, 73, 266

Picasso – Erosmemória: A Arte Como Guerrilha Cultural, 267

Pintura Decorativa, 280

Pisca Alerta, 87

Planagem, 22, 238, 239, 282

Poemas, 1910-1930, 259, 260, 273

Poemas da Cabana Montanhesa, 143, 280

Poemas da Estrangeira, 281

Poemas de Ariel, 259

Poemas de Candeia, 267

Poemas de Janeiro, 283

Poema Didático, 204

Poemas do Amor Mais Puro, 17, 40, 41, 265

Poemas do Amor Venal, 272

Poemas do Encantado, 22

Poemas do Espelho, 265

Poemas do Rio Encantado, 282

Poemas em Fuga, 188, 189, 281

Poemas Para Navegar, 279

Poemas Seletos, 269

Poemário ao Longo da Memória, 266

Poema Sine Praevia Lege, 237, 238, 279

Poemas Malditos, Gozosos e Devotos, 21, 128, 272

Poemas no Espelho, 27

Poemas Numéricos, 268

Poemetos, 270

Poesia Alemã – Breve Antologia, A, 270

Poesia de Avental, 281

Poesia É Necessária?, A, 284

Poesia e o Livre mercado, A, 81

Poesia, Poesia, 273

Poesia Portuguesa Contemporânea, 226, 228

Poesia Reunida, 46, 240

Poesias, 27, 31, 265

Poesias ao Sabor da Incerteza, Certeza e Riscos das Emoções, 273

Poesia Até Ontem, 276

Poesia da Precariedade, 269

Poesias de Amor e de Morte, 82, 83, 269

Poesia Sempre, 79

Poesias Inesperadas, 272

Poetas, Médicos, Loucos... Antologia, De, 279

Poetas na Praça, a Feira de Poesia, 46

Poética da Tradução, 255

Poiezen, 276

Poliflauta de Bartolo, A, 18, 19, 40, 50, 51, 265

Política Social para o Brasil: A Proposta Liberal, Uma, 283

Pomba da Paz, A, 228

Ponto de Partida, 280

Por Baixo da Pele Fria, 281

Pôr do Sol, 141, 267

Pornochic, 124

Porta Entreaberta, 273

Poros, 76

Por Que Migramos do e Para o Japão, 137, 281

Porto das Damas, 22, 275

Porto Inseguro, 276
Porto Surubim, 279
Possessão por Espírito e Inovação Cultural, 278
Possession, 267
Póstumos e as Profecias, Os, 19, 40, 60, 265
Pousadas de Palavras Viajantes, 279
Praia de Sonetos, 269
Praia do Sono, 276
Prefeito: Seus Direitos e Seus Deveres, O, 282
Premissas e Projeções para um Programa de Governo, 282
Presépio e Outros Poemas de Natal, O, 284
Primavera, 274
Primeira Lua, 237, 238, 276
Primeira Ronda à Margem da Serpente & Canto ao Canto, 274
Primeira Vez, 273
Primeiro Canto da Mulher Amada, 267
Primeiros Ofícios da Memória, 79, 266
Primi Tipo, 270
Primum Mobile, 284
Prisioneiro do Arco-Íris, 100, 265
Procura-se uma Rosa, 151, 151, 265
Profecia Maya, A, 80
Proposta de Organização da Sociedade, 283
Proposta de Revolução, 267
Pulso, 271
QUADRIVIO, 268
Quando a Casa Dorme, 270
Quarta-feira de Cinzas, 259
Quatro Estações, As, 145, 277
Que a Água Me Contou, O, 269
Que É Arte? São Paulo Responde, O, 180, 182, 267
Quem Se Debate É Afogado, 268
Que País É Este?, 212
RAMA, 284
Ramalhete de Haikais, 145, 284
Rapsódia Breve, 284
Rashomon e Outros Contos, 18, 20, 140, 141, 158, 265
Rastro de Ave, 269

Realejo de Minas, 30
Rebanho, 283
Rebanho Perdido, 30
Rebolo, 266
Recepção na Academia Brasileira de Letras, 275
Recomeço, 280
Reflexos, 44
Reflexos, Reflexões, 268
Reflexões Urbanas, 271
Rei da Vela, O, 58
Reinado do Rosário de Itapecerica, 275
Reisen, 280
Relâmpagos, 145, 276
Relógio de Sol, 145, 280
Relógio na Chuva, 281
Reputação de Quatro Bicos e Outras Reputações, A, 273
Resgate, 276
Ressonâncias, 238
Retomada, 283
Retomada do Desenvolvimento, A, 283
Retrato, 249
Retrato de um Artista Quando Jovem, 257
Retratos, 21, 217, 221, 275
Retrovar, 76
Revelação, 271
Revés-do-chão, 278
Revolução Francesa, A, 275
Revolução na América do Sul, 18, 40, 54, 55, 265
Revolução Samurai, A, 136, 137, 277
Revolution, 278
Riacho do Sangue, 167, 168
Rio do Tempo, 280
Ritual de Clivagem, 275
Rocks e Baladas de Marcos Furtado, 277
Romances e Canções Sefarditas, 258, 276
Romãs no Inverno, 282
Ronald Reagon e a Caça do Palmito, 268
Rosa La France: A Vida de uma Feminista que Odiava Rosas, 283

Rosebud, 276
Roteiro Lírico, 144
Rumos, Os, 17, 40, 43, 265
SAFADEZAS – 1982-1986, 274
Safografia, 273
Salamargo, 48, 270
Salão de Barbeiro, 270
Sanguevida, 271
Santa Casa da Misericórdia de São Paulo, A, 266
Santo Milagroso, O, 20, 151, 154, 155, 266
São Paulo 1975, 181
São Paulo de Andrade, 182, 267
Saudações Acadêmicas, 279
Saudade Cidade, 284
Sedução das Imagens, 272
Segundo Livro de Enoch, O, 277
Semelhante, O, 279
Sem Entrada e sem Mais Nada, 151, 154, 265
Semente, A, 19, 151, 153, 265
Sem Perder a Linha, 283
Sendas de Tupã, 278
Sendas Solares de Sesshu, 268
Senectute Erotica, De, 258, 282
Senhora das Sombras, A, 279
Sequência, 274
Ser Desumano, O, 182
Sermão do Viaduto, O, 30, 84
Ser Pessoa, 270
Sete Cantos do Poeta, Para o Anjo, 19, 113, 115, 124, 187, 265
Seteclaves, 77
Setênios, 276
Sétimo Selo, O, 277
Silêncio, 169
Silêncio da Flauta, O, 22, 271
Sincretismo na Música Afro-Americana, 161
Sinfonia em Azul, 22, 129
Síssi, a Menina Iluminada, 282
Sob o Sol do Nordeste, 281

Sobre a Tua Grande Face, 21, 127, 273
Sol e Eles, O, 269
Soldado Raso, O, 214, 274
Solidão dos Outros, A, 269
Solidões, 273
Sombra-luz, 278
Sombras, 244
Sombras Chinesas, 276
Sonho da Vida, O, 272
Sonho de uma Noite de Verão, 41
Sonho de Valsa, 270
Sonhos, 277
Sonhos Diversos, 280
Sonhos do Pondji, 268
Sonos Curtos, 278
Só Poesia, 271
Sorriso do Drama, O, 268
Sou Como Sou, 270
Square of Light, 267
Suave Presença, 270
Subsolo, 50, 53, 275
Sumidouro, 22, 219, 267
Sur la Route du Temps, 272
TAÇA DA NOITE, 22, 270
Talhamar, 188, 270
Tanguan, 276
Tankas, 145, 278
Tanque de Betesda, O, 20, 266
Tarefa, 269
Tarefa: Ação Parlamentar, 267
Tarde, o Amor, De, 273
Tardes Secretas, 275
Tatuagem, 275
Tear dos Ventos, No, 268
Teatro de Mente / Concerto de Mente, 272
Teia, 284
Tempo de Névoa, 272
Tempo de Ser, 273
Tempo Final, 84
Tempo Possível, Um, 272

Temporal, No, 68, 266
Tempos Diversos, 276
Terra da Bicharada, Na, 268
Terra de Livres, 282
Terra Gasta, A, 259
Território do Escritor: Diminuto e Heroico, 283
Tessitura, 275
Testamento Insensato, 21, 169, 279
Tharsis, 278
Todas as Horas e Antes, 79
Toda Mudez Será Conquistada, 278
Toda uma Vida no Brasil, 137
Todo o Coração, De, 279
Todo Homem Quer Ser Rei e Viver para Sempre, 278
Trajetória do Silêncio, 269
Transmutação Metalinguística na Poética de Edgard Braga, A, 238
Três Viagens em Meu Rosto, 266
Treze Mulheres Azuis, 18, 40, 50, 265
Trinta e Seis Poetas, Os, 136
Tríptico, 274
Tromba de Elefante, A, 282
Trovas de Muito Amor para um Amado Senhor, 265
Tudo Isso, 272
Tudo Nenhum, 230, 272
Túnel Perfeito, O, 228, 277
ULISSES, 197, 255
Última Luz, 81
Último Cantor, O, 182
Urbanas Reflexões, 271
VAI!, 274
Variações sobre 13 Poemas de Eudoro Augusto, 269
Variável Serenidade, 278
Velhas Histórias, 279
Vencedor as Batatas, Ao, 31
Venham Borboletas, 182, 267
Vento da Montanha, 280
Ventos e Barricadas, 270

Vênus no Telhado, 56
Verde Amarelo, Claros, 274
Verde Magia, 277
Verdevida, 274
Vermelho Rápido, 274
Versos, 101
Versos d'Alma, 275
Versos do Tempo Amassado, 279
Versos Gramaticais, 280
Vertentes, 279
Vertentes do Paraíso, 271
Vertentes do Sonho, 274
Véspera, 282
Véspera de Aquarius, 182
Véspera de Azul, 284
Véspera do Coração, 273
Vez, Sempre, Uma, 225, 284
Viagem ao Fim do Mundo, 168
Viagens no Tempo, 275
Viajante e Outros Silêncios, 273
Vida, 284
Vida Comprometida, 270
Vida de Maria, 187
Vida em 2 Tempos, 275
Vida em Tom Menor, 274
Vida Impressa em Dólar, A, 156, 265
Vida Oculta, 276
Vidraça, 268
Vidro, 272
Vinho Negro da Paixão, O, 282
Violão de Rua, 38, 105, 197
Virações, 281
Visões de um Anti-herói, 268
Vivências Elementares, As, 61, 62, 268
Vi...Vendo, 270
Voar, 43
Você Faz Isso Melhor Que Ninguém, 278
Você Não Conhece Janete e Outros Contos, 259, 272
Volições, 284

Volubilis, 271
Voo Circunflexo, O, 75, 76, 270
Voo na Miragem, 22, 281
WASTE LAND, THE, 259
XINGU, 190
ZÁS, 271
Zoologia Fantástica, 269

AUTORES

III CONVENÇÃO PANAMERICANA NIKKEI, 273
ABREU, Caio Fernando, 126
Abreu, Yeda Estergilda de, 272
Achiamé, Fernando, 277
Adriano, Carlos, 171, 280
Affonso, Ruy, 273
Aguiar, João Baptista Costa, 86, 87
Aguilar, José Roberto, 82, 83, 250
Aidar, José L., 268
Akutagawa, Ryūnosuke, 18, 20, 140, 141, 265
Albuquerque, Geraldo Pires, 276
Albuquerque, Maria Lydia Pires e, 16, 49, 125
Albuquerque, Roberto Pires e, 120
Alcântara, Beatriz, 279
Alcântara, Ricardo, 278
Alencar, Celso de, 250
Allegro, Djalma, 283
Almada, Roberto, 277, 278
Almeida, Guilherme de, 58, 144
Almeida, Maria Cristina Barbosa de, 12
Almeida, Miguel de, 269
Alves, Henrique L., 268
Amado, Jorge, 217
Amaral, Antônio Henrique, 98, 99
Amaral, Beatriz Helena Ramos, 22, 237, 238, 239, 274, 276, 279, 282
Amaral, Carlos Soulié do, 60
Amaral, Elza Aparecida Ramos, 237, 238, 276
Amaral, Maria Adelaide, 69

Amaral, Nilza, 282
Anderson, Chester G., 257
Andrade, Ary de, 281
Andrade, Carlos Drummond de, 58, 202, 213, 233
Andrade, Mário de, 36
Andrade, Oswald de, 58
Andrade, Roberto Fernando de, 137, 275
Andrade, Teresa Julieta, 278
Annunziata, Mauisa, 281
Anselmo, Agnaldo, 270, 272
Antelo, Raúl, 258
Anthony, Eugene, 172
Antunes Filho, José Alves, 154
Antunes, Sérgio, 244, 271, 272, 273
Aoki, Akira, 281
Aoki, Shinji, 137
Apocalipse, Ruy, 27, 30, 31, 187, 265
Aquila, Luiz, 269
Aranha, Edgard Gurgel, 57, 58
Araujo, Carlos Maria de, 18, 101, 26
Araujo, Dyrce, 270
Araújo Neto, Torquato Pereira de, 170
Arbex, Marcelo, 249
Archanjo, Neide, 78, 79, 266
Armond, Helena, 274
Arnhold, Edith, 130, 145, 282, 284
Arruda, Eunice, 12, 18, 22, 40, 45, 46, 56, 57, 182, 185, 187, 265, 267, 276, 280
Arruda, Solange, 278
Arns, Dom Paulo Evaristo, 181
Artaud, Antonin, 73
Aruta, Fernando, 268
Assis, Joaquim Maria Machado de, 31
Assunção, Acácio, 15, 17, 18, 41, 43, 47, 54, 55, 101, 151, 152, 153, 154, 157, 158
Assunção, Paulinho, 202
Atilano, Sérgio, 274
Augusto, Eudoro, 269, 275
Augusto, Sérgio, 170
Ayala, Walmir, 76, 202, 226, 227, 228, 269

Azeredo, Ronaldo, 106
Azevedo, Roberto Marinho de, 244, 268, 272, 280
Aznar, Gerônima, 279
BÁKHTIN, Mikhail, 123
Bandeira, Manuel, 114
Bar, Decio, 37, 56, 57, 68, 69, 70, 74, 187, 266
Barbour, Emil, 277
Barnacle, Nora, 257
Barreto, Zélia, 279, 283
Barros, Fernando de, 167
Barros, Nilza Tirapelli de, 268
Bartholomei, Marcelo, 214
Bashō, Matsuo, 143, 219, 274, 279
Bassoi, Ely, 278
Bastos, Cristina, 284
Bastos, Dorothy, 75
Bataille, Georges, 71, 131
Batista, Lígia, 268
Baudelaire, Charles, 230
Beatriz, filha, 14
Becheroni, Elvio, 74
Belfort, Tânia, 278
Bell, Lindolf, 19, 40, 59, 60, 61, 62, 81, 88, 89, 91, 265, 266, 268
Beltran, B., 98, 99
Beraldo, José Luiz, 271
Bergocce, Fausto, 283
Berio, Luciano, 54
Bernardet, Jean-Claude, 170
Bernis, Yeda Prates, 271
Bertazzi, Terezinha, 278
Beutten-Müller, Alberto, 80, 267
Bezerra, Chico, 271
Bezerra, Milânia, 271
Beznos, Clovis, 12, 17, 40, 41, 42, 56, 57, 265, 266
Biáfora, Ruben, 158
Biatto, Maria da Graça, 20, 182, 267
Bicelli, Roberto, 60, 68, 74
Bilenky, Olga, 124, 125

Bittencourt, Célia Regina Lopes, 56, 57
Bittencourt, Francisco, 76, 77
Bivar, Antônio, 56
Bloch, Hélio, 152
Bloch, Pedro, 151, 152
Boal, Augusto, 18, 40, 55, 151, 152, 153, 154, 156, 265
Boccato, André, 65, 66, 72, 73, 185
Bogo, Luís Sérgio, 273, 277
Bojadjiev, Angel, 273
Bomfim, Paulo, 30, 44, 45, 58, 96, 269
Bonassi, Fernando, 249, 274
Bonini, Estela, 278
Bonvicino, Régis, 170, 238
Bonomi, Maria, 151, 154, 181
Borges, Jorge Luis, 220, 233
Borjalo (Mauro Borja Lopes), 162, 163
Bossi, Cecilia, 280
Botelho, Cândida Arruda, 275
Bracher, Carlos, 23, 247, 248
Braga, Edgard, 105, 238
Braga, Fabio, 284
Branco, Elcir Castello, 57
Brandão, José, 267
Brando, Marlon, 259
Brant, Vera, 269
Brecht, Bertold, 55
Brenner, Miriam, 278
Bressane, Júlio, 170
Breton, André, 70, 71
Brito, Mário da Silva, 36, 206
Brito, Sérgio, 54
Brombal, Paulo, 275
Buarque, Chico, 160
Bueloni, Marisa, 273
Bueno, Ely, 278
Bumajny, Mariselda, 273, 275
Buson, 143, 219
CABRAL, Antônio Carlos, 107
Calasans Neto, José Júlio, 217

Callado, Tereza de Castro, 216
Calil, Carlos Augusto, 12
Calil, Helena, 27, 28, 30, 265
Calil, Ruth Mary, 272
Calixte, Marien, 21, 145, 244, 276, 277, 280
Câmara, Heleusa Figueira, 277
Câmara, Joel, 28
Camargo, Cesar, 160
Camargo, Iberê, 228, 229
Camargo, José Eduardo Mendes, 244, 277, 278, 279
Camargo, Suzana, 267
Camillo, Yara Maria, 284
Campanário, Mildes, 275, 277
Campos, Augusto de, 36, 106, 108, 109, 170, 257, 265
Campos, Fernando Coni, 168, 170
Campos, Francisco Moura, 268
Campos, Geir, 269
Campos, Haroldo de, 36, 106, 107, 170, 257, 265
Campos, Paulo Mendes, 201, 202, 204, 269
Cancello, Luiz A. G., 280
Candeias, Ozualdo, 168, 170
Candido, Antonio, 86, 198
Canoas, Assis, 266
Caprioli, Maria, 273
Caramelli, Bruno, 269
Carr, Stella, 266
Cardacci, Diva, 244, 274, 275, 277, 278, 279
Cardoso, Ivan, 170, 171
Cardoso, Neusa, 268, 274, 281
Cardoso, Reni, 60
Cardoso, Sérgio, 41
Cardoso, Zélia Ladeira Veras de Almeida, 274
Cardozo, Joaquim, 200, 202, 269
Carmo, Paulo Roberto do, 276
Carneiro, Dulce G., 160, 161, 170, 175, 266
Carneo, Edna Vicentini, 271
Carpeaux, Otto Maria, 58, 59
Caruso, Paulo, 190

Caruso, Pedro, 190
Carvalho, Anna Carolina Meirelles Dias de, 272
Carvalho Filho, Eduardo Martins de, 180
Carvalho, Flávio de, 41, 42, 202
Carvalho, Maria José de, 182, 183, 267
Carvalho, Peggy, 280
Carvalho, Ronald Zomignan de, 56, 57, 60, 81, 278
Casanova, Indá Soares, 265, 268, 272
Casella, Paulo Borba, 279
Cassas, Luís Augusto, 272, 276
Castejón, Carlos, 279
Castro, Edgard Godoy de Almeida, 281
Castro, Moacir Werneck de, 198
Castro, Nanna de, 280
Castro, Reinaldo, 28
Cattoni, Bruno, 278
Cavalcante, Joyce, 268
Cavalcante, Maninha, 179
Cavalcanti, Alberto, 158, 167
Cavalheiro, Célia Regina, 76, 273
Cavalieri, Ruth Villela, 275
Ceccon, Claudius Sylvius Petrus, 162, 163
Cedotti, Walmir, 276
Cedran, Lourdes, 179
Celso, Paulo, 37
Cesar, Carmen Silvia Cerqueira, 270, 274
César, Sérgio, 57
Cestac, Verônica, 283
Chagas, Walmor, 154
Chamie, Mario, 19, 80, 105, 107, 109, 202, 209, 265
Charifker, Guita, 217, 220
Chaui, Marilena, 76
Chaves, Ruth Maria, 222
Chaves, Anésia Pacheco, 124
Cinemateca Brasileira, 266
Ciuffi, Wanderley, 119
Clémen, Carlos, 118
Coelho, Mamede, 40, 68, 266
Coelho, Nelly Novaes, 219
Cohen, Nissim, 143

Cohen, Tova, 143
Coimbra, Carlos, 167
Corben, Richard, 190
Corrêa, José Celso Martinez, 41, 58, 156
Corrêa, Thomaz Souto, 63, 64
Cortázar, Julio, 220
Costa, Alaíde, 160
Costa Jr., Clóvis Ferro, 81
Costa, Eduardo Alves da, 18, 37, 40, 48, 49, 56, 57, 265, 270
Costa, Elis Regina Carvalho, 160
Costa, Franz Rulli, 22, 244, 275, 276, 279, 281
Costa, José Pedro de Oliveira, 163, 267
Costa, Maria Della, 151
Costa, Miriam Paglia, 22, 269
Costa Filho, Odylo, 280
Cotrin, Paulo, 160
Coutinho, Laerte, 190
Crepax, Guido, 190
Cruz, Luci Sciascia, 283
Cruz, São João da, 187
Cunha, Ayres da, 281
Cunha, José Mariano Carneiro da, 39, 57, 58, 99
Cunha, Juliana Carneiro da, 267
Cunha, Manuela Carneiro da, 58
Curado, Olga, 280
DANIEL, Ronald, 156
Dantas, Paulo, 22, 281
D'Amaral, Márcio Tavares, 22, 280
D'Avila, J. Antonio, 268
Daffré, Selma, 22, 216, 232, 233, 240, 241, 243
Dazai, Osamu, 141, 267
Deane, Luisa, 274
D'Elia, Renata, 39, 74
Denser, Márcia, 202, 269
Dias, Braz, 158, 167, 168, 199, 202
Domenico, Cuca, 283
Dorfles, Gillo, 74, 268
Dostoiévski, Fiódor, 58
Duarte, Aurora, 21, 167, 168, 169, 266, 279

Duarte, Benedito Junqueira, 270
Duarte, Gilberto Luiz, 267
Duchamp, Marcel, 19
Duvivier, Edgard, 281
Duvivier, Eduarda, 270, 281
ECHAIME, Leila, 12, 21, 22, 240, 241, 242, 243, 269, 271, 273, 281, 282, 284
Edreja, Cecilia, 280
Éfeso, Heráclito de, 233
Eksterman, Christine Fontenele, 281
El Greco, 259
Eller, Cássia, 238
Eliot, Thomas Stearns, 39, 47, 187, 255, 259, 260, 261, 273, 281
Emmer, Denise, 202
Eric, Milton, 60
Escobar, Carlos Henrique de, 27, 31, 265
Escola de Psicanálise de São Paulo, 274
Espada, João Carlos, 283
Esper, Ronaldo, 266
Estenssoro, Maria Danielle, 275
FAERMAN, Marcos, 74, 119
Fakhoury, José K., 22, 280
Faria, Alice, 273
Faria, Álvaro Alves de, 30, 35, 50, 56, 57, 60, 84, 85, 271
Faria, Guilherme de, 49, 84, 85
Faria, Hamilton, 274
Faria, Idelma Ribeiro de, 259, 260, 261, 272, 283
Faria, Ivone Pedro, 273
Farias, Celso Divino F., 276
Farkas, João, 182, 219, 267
Faustino, Mário, 76
Fausto, Ruy, 76
Feffer, Betty, 145, 276, 280
Feiffer, Jules, 190
Felício, Brasigoís, 269
Félix, Moacyr, 198, 202, 207, 269
Ferlinghetti, Lawrence, 65, 73
Fernandes, Fernando, 23
Fernandes, José Roberto, 276

Fernandes, Millôr, 122, 123, 162, 163
Ferrarini, Flávio Luís, 281
Ferraz, Bem Hur, 272
Ferraz, Geraldo, 265
Ferreira, Cecilia, 281
Ferreira, Celina, 76
Ferreira, Jussara Moraes Nunes, 274
Ferreira, Martha Pires, 269
Ferreira, Sônia Maria Fernandes, 283
Figueiredo, Camilo Soares, 58
Figueiredo, Ciro
Figueiredo Leite, Marília Beatriz de, 220
Figueiredo, Vinicius de, 76
Fiker, Raul, 182, 267
Finkel, Margarida, 268
Flach, Karl-Hermann, 282
Flemming, Alex, 268, 272
Flexa, Jairo Arco e, 58
Floriano, Antonio Carlos, 283
Flusser, Vilém, 187
Folcone, Hercílio, 272
Fonseca, Ana Luiza, 284
Fonseca, Dagoberto, 273
Fonseca, Eduardo Gianetti da, 182, 267, 269
Fonseca, Eliane, 276
Fonseca Jr., Jorge, 144
Fonseca, Yone Giannetti, 107
Fortuna, Felipe, 162, 163, 221
Fraga, Armindo, 283
Fraga, Myriam, 202
Fragetti, Lucila, 270, 274
Franceschi, Antônio Fernando de, 37, 68, 70, 74, 187
Franchetti, Paulo, 145, 280
Franco, Siron, 23
Freidenson, Marília, 274
Freire, Roberto, 154, 265
Freitas Filho, Armando, 107
Freitas, Maria Aparecida R. G. de, 269
Fuentes, José Luis Mora, 124, 126, 220

Fuentes, Viviane, 281, 282, 283
Fundação de Arte e Cultura de Ubatuba, 274
Fundação Japão, 268
Furuno, Kikuo, 137, 138, 277
GABRIEL, Geraldo, 168
Gadelha, Raimundo, 277
Gaia, Seleno, 277
Galvão, Luiz Regis, 56
Gama, Antonio, 277
Gama, Rinaldo, 271
Gambarini, Adriano, 277
Garaude, Lupe Cotrim, 22, 113, 114, 115, 266
Garcez, Paulo Gomes, 202
Garcia, Eduardo Amorim, 271
Garcia, Gardenia, 268
Garcia, Pedro, 273
Garcia, Viviane K. K., 272
Gê, Luiz, 190
Genauer, Beyla, 279
Gentilli, Iraci, 60
Gerchman, Rubens, 107
Giffoni, Maria Amália Correa, 275
Giglio, Maria José, 20, 95, 96, 266
Gill, Gláucio, 151, 152
Gil, Olga, 276
Ginsberg, Allen, 73
Giorgetti, Ugo, 39, 74
Giroux, Sakae Murakami, 137, 275
Goethe, Erika Christina, 283
Goga, H. Masuda, 144, 145, 147, 277, 279
Gogh, Van, 247, 248
Goldberg, Jacob Pinheiro, 275
Goldman, Sara, 273
Goldstein, Norma, 74, 119
Gomes, Dias, 19
Gomes, Diva, 273
Gomes Neto, José, 273
Gomes, Heidi Strecker, 76
Gomes, Paulo Emílio Sales, 157
Gomes, Sheila, 272

Gonçalves, Delmiro, 55, 175
Gonçalves, Lisbeth Rebollo, 175
Gonçalves, Marta, 277
Gonçalves, Raymundo Amado, 278, 279
Gonçalves, Ricardo Mário, 140, 141
Gonda, Renato, 240, 242, 274, 276
Gondim, Claudia, 279
Gondin, Josélio, 281
Gonsales, Francisco Rebolo, 174, 175, 181
Gonring, José Irmo, 277
González, Judith Domingues Marés, 282
Goossens, Janine, 269
Górki, Máximo, 156
Goto, Roberto, 283
Goto, Tomekiti, 137, 281
Graco, Caio, 123
Groff, Luís, 272, 273
Guarnelli, Ismael, 87, 128
Gullar, Ferreira, 76, 105, 210, 244
Gutierrez, Kleber, 282
Gutiérrez, Rachel, 281
Gutierrez, Sônia, 271
Graciano, Clóvis, 23, 101, 202
Granato, Ivald, 181
Greco, Paulo Marcos del, 17, 40, 47, 53, 187, 265
Grünewald, José Lino, 106
Guarnieri, Alice Camargo, 281
Guarnieri, Gianfrancesco, 19, 55, 151, 153, 265
Guimarães, Caê, 281, 283
Guimarães Neto, Ernane, 282
Guimarães, Geraldo, 267
Guimarães, Norma, 274
Guinle, Denise, 281
HADDAD, Amir, 41
Handa, Francisco, 147
Handa, Tomoo, 20, 135, 139
Haro, Martinho de, 91
Haro, Rodrigo de, 88, 90, 91, 187, 277
Hastiguti, Giyo, 237, 238

Hazan, Andrée, 274
Hellmeister, Tide, 15, 17, 20, 23, 65, 66, 77, 78, 95, 96, 97, 114, 151, 154, 158, 159, 161, 181
Hendrix, Jimi, 181
Hering, Elke, 61
Hernández, Juan Sanz, 269, 272
Henriques Neto, Afonso, 22, 202, 230, 231, 232, 233, 272, 278, 280
Hilst, Hilda, 15, 19, 21, 22, 101, 113, 114, 115, 122, 123, 124, 125, 126, 127, 128, 129, 130, 131, 167, 187, 211, 265, 267, 268, 270, 271, 272, 273, 275, 276, 278, 280, 283
Hirata, Isabel, 270
Hirsch, Eugênio, 197
Höfling, Luiz Fernando, 277
Holanda, Chico Buarque, 160
Hollanda, Aurélio Buarque de, 222
Hollanda, Heloísa Buarque de, 31, 202
Honório, José Carlos, 273
Horta, Anderson Braga, 283
Horta, Maria Braga, 281
Horta, Tania, 278
Hortélio, Lígia, 274
Houaiss, Antonio, 218, 221, 222, 223, 257
Howard, John, 268
Hugo, Franco, 267
Hungria, Camila, 39, 74
IACOCCA, Michele, 266
Ianelli, Arcangelo, 22, 46, 80, 87, 129, 130, 238, 239
Ignácio, José Carlos dos Santos, 274, 277
Inezita, 186
Instituto Friedrich Naumann, 282
Instituto Tancredo Neves, 282, 283, 284
Ippólito, André, 271
Ishikawa, Takuboku, 145, 278
Issa, 143, 219
Ivo, Gonçalo, 81, 215, 216
Ivo, Lêdo, 146, 189, 202, 214, 215, 274, 277
JACINTHO, Silvia, 277, 279, 283, 284
Jaguar (Sérgio de Magalhães Gomes Jaguaribe), 123, 162, 163

Jancsó, István, 56, 57
Janeiro, Cássia, 283
Japiassu, Celso, 268
Jardim, Roberto, 270
Jardim, Rubens, 60
Jaxon (Jack Jackson), 190
Jordan, Dawn, 270
Johns, Jasper, 19
Johnsen, Ulla, 269
Joyce, James, 197, 255, 257, 270
Jung, Carl, 187
Junqueira, João Francisco Franco, 283
Juvenal Neto, 22, 271
KAFKA, Franz, 58
Kaiwa, Nihongo, 137
Kandinsky, Wassily, 21
Kawalerowicz, Jerzy, 158
Kempf, Roswitha, 16, 62, 67, 74, 75, 76, 80, 126, 188, 218, 226, 241, 256, 257, 266, 268, 270
Khouri, Walter Hugo, 167
Kieffer, Ana Maria, 61
Kinjô, Humberto, 37, 153
Kleber, José, 271, 276
Klein, Paulo, 22, 281
Klint, Gustav, 23
Knopfholz, Manoel, 277
Korda, Alexander, 158
Korte, Gustavo, 267
Koss, Monika von, 282
Krajcberg, Frans, 244
Kranz, Marília, 202
Kruse, Olney, 175
Krynski, Vera, 273
Kubischeck, Juscelino, 38
Kujawski, Gilberto de Mello, 282
Kurosawa, Akira, 141, 158
Kusuno, Tomoshigue, 20, 135, 181, 214
LANDAU, Trudi, 270
Lanes, Ely Veitez, 279
Lapa, Maria Isabel, 280

Laranjeira, Mário, 255
Laura, Ida, 20, 113, 114, 266
Laurel, Alice Bay, 46
Laurito, Ilka Brunhilde, 270
Lawrence, David Herbert, 187
Leal, Cláudio Murilo, 276
Leal, J. B. Donadon, 145, 278
Leal, Weydson Barros, 280
Lean, David, 158
Lee, Wesley Duke, 15, 17, 19, 20, 63, 64, 77, 113, 115, 160
Leirner, Betty, 267
Leirner, Giselda, 284
Leirner, Jacqueline, 257
Leite, Lígia de Oliveira, 274, 283
Leme, Og Francisco, 282
Lemos, Lara de, 202, 244, 269, 276, 282
Leonardi, Victor, 283, 284
Leonardos, Roberto, 22, 281
Leonardos, Stella, 22, 281
Lessa, Adelaide Petters, 282
Lévi-Strauss, Claude, 99
Levitch, Pedro, 271
Levy, Walter, 175, 201
Ligeti, Manuela, 98, 99, 265
Lima, Carlos, 202
Lima, Carlos A. Seixas, 60
Lima, Diógenes da Cunha, 281, 283
Lima, Jorge da Cunha, 182
Lima, Luiz Carlos Almeida, 277
Lima, Marleide Anchieta de, 233
Lima, Mauro Gomes Aranha de, 268
Lima, Regina Helena da Cunha, 182, 267
Lima, Ronaldo Cunha, 280
Lima, Sergio Claudio de Franceschi, 37, 68, 70, 71, 74, 158, 266, 272
Lins, Carlos Alberto Seixas, 57, 63, 98
Lins, Jaceguay, 277
Lisboa, Luiz Carlos, 274
Lispector, Clarice, 222

Loanda, Fernando Ferreira de, 277
Lombardi, Bruna, 273
Lombardi, Virginia, 274
Lopes, Aluísio Dias, 275
Lopes, Cláudia, 271
Lopes, Fúlvia Carvalho, 275
Lorca, Federico Garcia, 211, 220
Loures, Larissa, 272
Louzada Filho, O. C., 107
Loyola, Ignacio de, 182
Lubicz, René Adolphe Schwaller de, 71
Lucas, Fábio, 259
Lúcia, Ana, 160
Lúcia, Telma, 279, 284
Lucinda, Elisa, 250, 279
Ludmer, Paulo, 12, 247, 248, 280, 283, 284
Lugon, Magda, 145, 279
Luiz Gê (Luiz Geraldo Ferrari Martins), 190
Luiz, Airton, 272
Lutti, Leyde Ribeiro Zorowich, 282
Lux, Nieta, 268
Luz, Rogério Ribeiro da, 283
Lyra, Pedro, 36, 225
MABE, Manabu, 17, 18, 20, 21, 44, 135, 137, 140, 141, 142, 202, 217
Macedo, Sérgio, 88, 91, 190, 191, 266
Macedo, Ubiratan Borges, 282
Machado, Antonio Bizerra, 269
Machado, Argus, 37
Machado, Lourival Gomes, 28, 29
Machado, Renata, 275
Maciel, Marcos, 282
Maciel, Pedro, 281
Madeira, Marcos Almir, 275
Maduar, Alberto, 269
Magaldi, Sábato, 137, 181
Magalhães Junior, A., 271
Magalhães, Maria Elisa, 275
Maier, Mathilde, 269
Mallarmé, Stéphane, 230

Malfatti, Selvino Antônio, 283
Marangoni, Celso Luiz, 273
Maria, Eduardo Bueno de Santa, 282
Marchant, Gretta Sarfaty, 74
Marcondes, Mazé, 66
Marconi, Rino, 268
Marcos, Plínio, 58
Marguliès, Marcos, 157
Mariano, Ana Soares, 247
Marcondes, Geny, 282
Marigny, José Carlos Robillard, 57
Marino Júnior, Raul, 275
Marques, José
Marques, Ubirajara Rancan de Azevedo, 76
Marsicano, Alberto, 238
Martins, Aldemir, 17, 22, 114, 115, 173, 217, 219
Martins, Antonio, 277
Martins, Madô, 283
Martins, Max, 270
Marjorie, esposa, 14
Matsas, George, 279
Mattar, Pedrinho, 160
Matisse, Henri, 23, 221, 259
Matos, Olímpio José Garcia, 280
Mattos, João Metello de, 137, 276
Mattos, Luiz Carlos, 60
Mautner, Jorge, 82, 83, 187, 250, 269
Maya, Raymundo de Castro, 113
Mayer, Augusto, 222
Medalha, Marly, 60
Medeiros, Delima, 53
Medeiros, Elton, 41
Medeiros, Francisco Fausto Paula de, 282
Medeiros, Selene de, 271
Meireles, Cecília, 222
Meireles, Cildo, 244
Meirelles, Bia, 272
Meirelles, Fábio, 278
Meirelles Filho, João Carlos, 270
Melão Neto, João, 281, 282

Mello, Donaldo, 284
Mello, Thales de, 269
Mello, Thiago de, 182, 199, 202, 270
Mello, Valdemar, 185
Melo Neto, João Cabral de, 202, 208, 222
Melo, Sérgio, 280
Melo, Sebastião de, 280
Memórias, Rumores, 244, 245, 274
Mendes, Aldir, 80
Mendes, Murilo, 233
Mendonça, Casemiro Xavier, 274
Mendonça, Lúcia Gomes, 284
Mendonça, Lúcia Helena, 270
Menegale, Solange, 283
Merquior, José Guilherme, 76, 77
Metran, Márcia, 274
Meyer, Camargo, 107, 266
Midei, Wanderlei, 280
Migliaccio, Flávio, 55
Millay, Edna St. Vincent, 123
Milliet, Sergio, 27, 28, 29, 36, 99, 265
Mindlin, José, 56
Miró, Joan, 23, 250, 251
Miziara, Ivan, 269
Modesto, Luiz Sérgio, 272
Modigliani, Amedeo, 183
Moisés, Carlos Felipe, 12, 18, 35, 36, 37, 40, 50, 51, 53, 56, 57, 58, 85, 90, 91, 127, 187, 240, 247, 265, 275
Monegal, Carmen, 270
Monteiro, Fernando, 267
Monteiro, José Luís, 282
Montenegro, Fernanda, 54
Moraes, Ivan Wrigg, 281
Moraes, João Carlos Quartim, 47
Moraes, José Carlos de, 265
Moraes, Nina, 237, 238
Moraes, Vinicius de, 36, 58, 151, 152, 202, 203, 265
Morais, Glauco Pinto de, 80
Morais, Pedro, 202

Moreira, Thiers Martins, 222
Morioka, Jonas A., 274
Moron, Dulce Garcia Alonso, 273
Mosteiro Zen, 281
Motta, Baby, 145, 275, 277
Motta, Valdo, 276
Mott, Lea Maria de Barros, 18, 37, 40, 50, 56, 57, 265
Mott, Odete de Barros, 50
Moura, Claudio, 152
Mourão, Gerardo de Mello, 274
Mourão, Jorge, 276
Mourão, Noemia, 182
Mund Júnior, Hugo, 273
Muniz, Ciro Palmerston, 273
Muniz, Lauro Cesar, 20, 154, 155, 266
Munhoz, Douglas, 269
Muñoz, Carlos Augusto, 279
Musa, Nhô, 271
Musatti, Janete, 268
Mutto, Odette, 272
Muylaert, Anna, 274
NABOKOV, Vladimir, 197
Nakamura, 100
Nascente, Gabriel, 202, 269
Nascimento, Dalma, 221
Nasser, Chandal Meirelles, 272
Natuba, Joana d'Arc, 272
Nava, Pedro, 233
Naveira, Raquel, 276
Neder, Cristiane, 278
Nejar, Carlos, 202, 228, 229, 270, 275, 276, 277
Neme, Mário, 28, 29
Nemirovsky, José, 267
Nepomuceno, Milton Eric, 60
Nero, Cyro del, 15, 17, 18, 19, 20, 23, 50, 51, 60, 109, 114, 117, 121, 151, 153
Neruda, Pablo, 220
Neto, Torquato, 170
Neves, Amilcar, 274

Nietzsche, Friedrich, 58
Noêmia, 185
Nogueira, Arlinda Rocha, 137, 272
Nojiri, Antonio, 140, 141
Nojiri, Toyoki, 137, 267
Norikiyo, Saigyó Sato, 280
Novaes, Claudete Duarte, 272
Novais, Fernando, 157
Nunes, Benedito, 80
Nunes, Cassiano, 100, 265
Nunes, Ricardo, 268
ODA, Teruko, 144, 145, 146, 279, 280
Odets, Clifford, 156
Odriozola, Fernando, 27, 28, 30
Odriozola, Maria Raulita Guerra, 27, 30, 265, 267
Ogata, Korin, 136
Ohtake, Tomie, 20, 21, 128, 130, 135, 181, 217, 218, 219
Oiticica, Hélio, 170
Okinaka, Alina, 20, 21, 135, 169
Okinaka, Massao, 20, 21, 135, 147, 237, 238
Okubo, Wiliam, 12
Olea, Héctor, 273
Olinto, Antônio, 284
Oliveira, Carmen de, 271
Oliveira, Cid de, 127
Oliveira, Erson Martins de, 247
Oliveira, Jandyra Sounis Carvalho de, 270
Oliveira, Jelson, 282
Oliveira, Jocy de, 18, 40, 54, 265
Oliveira, José Eduardo Marques de, 158
Oliveira, Lea Aparecida de, 269
Oliveira, Maria do Carmo Gaspar de, 273
Oliveira, Maria do Céu Formiga de, 268, 269
Oliveira, Marly de, 202, 217, 222, 223, 224, 225, 268, 275, 284
Oliveira, Patrícia de, 225
Oliveira, Teresa Cristina Meireles de, 282, 283
Olivier, Laurence, 158
Ortiz, Lea Ferrari, 268

Ortolan, Zenaide Bachega, 279
Osório, Antônio, 269
Osório, Antônio Carlos, 271
Ozawa, Michio, 139
PACE, Raul di, 71
Padilha, Solange, 273
Padovani, W. F., 278
Paes, Tavinho, 181
Pagano, Otávia, 276
Paim, Afonso, 281, 283
Paixão, Lindolfo Ernesto, 284
Palatnik, Abraham, 244
Pallottini, Renata, 15, 19, 113, 114, 117, 118, 119, 120, 121, 167, 182, 184, 185, 265, 267, 268, 271, 275
Palgen, Rudolf, 256
Parente, Lilian, 275, 278
Partido da Frente Liberal, 282, 283
Pascowitch, Paulo, 266
Patriani, José Seixas, 160, 161, 266
Paulini, Celso Luiz, 56, 57, 187
Pavone, Antônio, 271
Paz, Octavio, 81, 142, 220, 233
Pedrosa, Mary, 257
Peixoto, Augusto, 179
Penna, Maria Afonso, 277
Pennacchi, Fúlvio, 175
Penteado, Darcy, 22, 240, 241
Penteado, João Ricardo, 12, 17, 40, 43, 56, 57, 265
Penteado, Rodrigo, 281
Pepe, Oswaldo, 179, 181
Pereira, Abel, 145, 275, 276, 279
Pereira, A. Garcia, 27, 265
Pereira, José Eduardo Gomes, 284
Pereira, Otoniel Santos, 20, 78, 182, 266
Pereira, Ronan Alves, 278
Pereira, Ruy, 182, 185, 267
Perez, Vera, 283
Peron, Teresinha, 278, 279
Perse, Saint-John, 187

Persona, Lucinda Nogueira, 280
Perticarati, Jane Arduino, 20, 266, 279
Pessoa, Fernando, 52, 58, 275, 283
Peticov, Antonio, 48
Peyceré, Valdir, 270
Pfeiffer, Wolfgang, 17
Pfuhl, Oscar von, 266
Picasso, Pablo, 23, 198, 202, 205, 228, 269
Pignatari, Décio, 36, 106, 107, 108, 109, 170, 265
Pilnik, Cléa, 284
Pimentel, Marcello, 282
Pinotti, José Aristodemo, 244, 270, 273
Pinto, Ciça Alves,
Pinto, Gustavo Alberto C., 145, 276
Pinto, Ziraldo Alves, 162, 163, 266
Pirahi, João, 65, 67
Pires, Delores, 145, 278
Piva, Roberto, 19, 20, 37, 40, 48, 56, 57, 63-68, 70, 73, 74, 182, 187, 265-268
Pomerantzeff, Alexis, 17, 27, 28, 30, 31, 265
Ponte, Lena Jesus, 271
Porchat, Fábio, 266
Pound, Ezra, 233, 259
Portela, Miriam, 22, 275
Porto, Guta Marques, 272, 278
Porto, Marlene, 272, 277
Prade, Péricles, 88, 89, 91, 268
Prado, Décio de Almeida, 101, 156
Prado, Flávio de Almeida, 269
Prado Junior, Bento, 76
Prado Neto, Bento, 76
Prestes, Paola, 39
Prestes, Paula, 14
Preta, Cyro Armando Catta, 279
Priolli, Gabriel, 249
Pupo, Luiz Fernando, 37
Py, Fernando, 248
QUEIROZ, Eça de, 270
Querido, Fernando, 272
Quinto, Oliver, 20, 280

RAMADAN, Ebrahim, 269, 270, 275
Ramos, Fernão Pessoa, 170
Rangel, Flávio, 41, 151, 153
Rangel, Maria Lúcia Silveira, 274
Ratto, Gianni, 54
Rauschenberg, Robert, 19
Reale, Miguel, 276
Rebuzzi, Solange, 278
Recarey, Chico, 225
Redisch, Ricardo, 268
Reed, Carol, 158
Reis, Francarlos, 266
Reis, Mário, 170
Renato, José, 55
Ribeiro, Ana Maria da Costa, 272
Ribeiro, Ésio Macedo, 250, 251, 279
Ribeiro, Lacy, 277
Ribeiro, Laércio de Carvalho, 282
Ribeiro, Lélia Rita de Figueiredo, 271
Ribeiro, Sebastião, 277
Ricardo, Cassiano, 105, 107, 261
Ricardo, Sérgio, 168
Riccioppo, Paulo, 57
Rilke, Rainer Maria, 39, 58, 187
Rimbaud, Arthur, 230
Ristum, Jirges, 271
Ritondale, Claudionor, 268, 269
Rocha, Bento Celso da, 270
Rocha, Luiz Marcondes, 265
Rocha, Regastein, 37
Rocha, Vilmar, 283
Rodrigues, Alberto Marsicano, 268
Rodrigues, Augusto, 126
Rodrigues, Vera, 62
Rodriguez, Ricardo Vélez, 283
Roessler, Francisco Denes, 267
Rojas, Sérgio, 21, 276
Romero, Leila, 279
Roque, Carlos, 83, 273
Rosas, Cavani, 89, 91

Rosato, Myrtha, 266
Rosembaum, Paulo, 268
Rosenfeld, Anatol, 187
Rosenthal, Elias, 280
Rossi, Ítalo, 54
Rossi, João, 18
Rothstein, Márcia, 75, 76
Roviralta, Raul, 267
Russo, Anna Maria, 274, 278
sá, Bassan Gomes de, 275
Sá, Magdalena, 280
Sá, Olga de, 220
Saboga, Herio, 269
Sá-Carneiro, Mário de, 58
Sachs, Claude, 272, 273
Sade, Le Marquis de, 71
Safdié, Fortunée Joyce (Fortuna), 258
Sagan, Fraçoise, 44
Saigyō, 143
Saito, Roberto, 147, 182, 276
Sakai, Hoitsu, 138
Sales, Nelson, 160
Salles, Francisco Luiz de Almeida, 170, 173, 174, 182, 266
Salles, Mauro, 244, 277, 279, 280, 281, 284
Salles, Silvana, 284
Salmeron, Sônia, 284
Sampaio, Aluysio Mendonça, 22, 278
Sampaio, Maria, 273
Sampaio, Rosa Maria Whitaker Ferreira, 273
Sandy, Márcia, 276
Sant'Anna, Affonso Romano de, 202, 212
Santos Junior, Antonio Ferreira dos, 270
Santos, Nivaldo Menezes, 271
Saraceni, Sérgio, 284
Saraiva, Chico, 41
Sato, Nempuku, 144
Savary, Olga, 15, 20, 21, 22, 142, 143, 202, 217, 218, 219, 220, 221, 267, 268, 271, 274, 275, 280, 282
Sayeg, J. B., 270

Sbragia, Lourenço, 283
Scarelli, Maria Aparecida, 279
Seabra, Carlos, 145, 284
Sedin, Claudio, 270
Seixas, Cruzeiro, 185
Sena, Jorge de, 101
Senegal, Humberto, 147, 279
Sette, Luiz Paulo Lindenberg, 136, 137, 277
Setúbal, Olavo, 181
Scarano, Julita, 20, 95, 97, 266
Schenberg, Mário, 82
Schendel, Mira, 23, 255, 256
Schevz, Elaine, 279
Schmidt, Carlos Von, 160
Schneider, Marco A. F., 277
Schuratel, May, 227, 228
Schwarz, Roberto, 27, 28, 31, 265
Schwitters, Kurt, 19
Scliar, Moacyr, 181
Scliar-Cabral, Leonor, 258, 276, 282
Selvaggi, Giuseppe, 267
Sganzerla, Rogério, 170
Shinyashiki, Roberto, 271
Sian, Roberto, 192, 193
Silesius, Angelus, 187
Silva, Dora Ferreira da, 20, 115, 182, 186, 187, 188, 189, 267, 270, 275, 281
Silva, Lilia A. Pereira da, 20, 40, 41, 43, 44, 56, 57, 265
Silva, Luciana Dias da, 280
Silva, Luiz Roberto do Nascimento e, 278
Silva, Maria Abadia, 274
Silva Filho, Otávio, 37
Silva Junior, Otávio Júlio, 57
Silva, Vicente Ferreira da, 187
Silveira, Ênio, 197, 199, 202
Silveira, Marisa Sarmento, 145, 284
Silvestrin, Ricardo, 280
Simões, Roberto, 57, 58
Simon, Mauro, 279

Singh Jr., Oséas, 172, 279
Siqueira, Priscila, 272
Soares, Claudette, 160
Soares, Fernandes, 45
Soares, Ricardo Ferminiano, 271
Sonnenschein, Marjorie, 23, 38
Sorensen, Haydée, 57
Sotto, Jesus, 41, 42
Souza, Afonso Felix de, 77
Souza, Erthos Albino de, 145
Souza, Iza Ramos de Azevedo, 276
Souza, Maria Beatriz Farias de, 202
Stark Filho, Jorge Luiz, 270
Stirnimann, Victor Pierre, 76
Stolf, Luiz Carlos, 273
Suzuki, João, 14, 15, 17, 18, 20, 45, 48, 50, 56, 57, 84, 98, 99, 135, 140, 141
Szwarc, Samuel, 281
TAILLE, Joel de la, 265
Takahashi, Jiro, 16
Takaoka, Carlos, 272
Takaoka, Yoshiya, 20
Tamaki, Teru, 271
Tamaki, Yuji, 20
Tamaoki, Verônica, 284
Tanaka, Kenzo, 144
Tanaka, Toshi, 12
Tápia, Marcelo, 87, 144, 145, 270
Teitelbaum, Célia Igel, 271
Teixeira, Elisabete Tassi, 283
Teixeira, Lucia Guiomar, 278
Teixeira, Milton, 276
Teles, Gilberto Mendonça, 22, 202, 214, 216, 279
Telles, Inácio da Silva, 281
Telles, Lygia Fagundes, 114
Teófilo, Antonio, 182, 185, 267
Terranova, Franco, 244, 245, 246, 274, 277
Tilde, Izá, 275
Tinoco, Carlos, 185
Toledo, Marcelo de Almeida, 266, 270, 281, 282

Toledo, Marleine Paula, 220
Tolentino, Bruno, 20, 76, 77, 266
Toquinho (Antônio Pecci Filho), 160
Torres Filho, Rubens Rodrigues, 75, 76, 187, 266, 270
Toyota, Yutaka, 20
Tricânico, Marina, 22, 270
Trinca, Ricardo Trapé, 280
Tupper, Ricardo, 271
Turner, José Henrique, 267
Twombly, Cy, 19
UNGARETTI, Giuseppe, 222
VALE, Sérgio, 277
Valéry, Paul, 255, 256, 268
Valini, Abel, 271
Valter, Regina, 267
Vaneau, Maurice, 181
Vandré, Geraldo, 160
Vargas, Milton, 187
Vargas, Suzana, 276
Vasconcelos, Edmundo, 255, 256
Vasconcelos, Maurício Salles, 278
Vater, Regina, 180, 182
Velecico, Nereu, 249
Veloso, Caetano, 170
Vergara, Carlos, 244
Vergueiro, Carlinhos, 182
Vergueiro, Maria Alice, 185
Versiani, Rui, 267
Viana, Arildo de Toledo, 267
Viana Filho, Oduvaldo, 55
Vidossich, Eduardo, 20, 161, 266
Viegas, Antônio, 271
Vieira, Armando, 269
Vieira, Elizabeth, 217
Vieira, Oldemar Franco, 280
Vilela, Fernando, 35
Vinholes, Luís Carlos, 144, 280
Vitor, Antônio, 249
Vizioli, Carlos, 260

316   MASSAO OHNO, EDITOR

Vogt, Carlos, 22, 86, 87, 270, 272
Volpi, Alfredo, 80, 106, 109, 181
Vono, Augusta, 273
Vorobow, Bernardo, 171, 280
WAJDA, Andrzej, 158
Wajnsztjn, Pérola, 145
Wakabayashi, Kazuo, 20, 21, 127, 135, 146, 217, 221, 240, 242
Waki, Akemi, 274
Waldman, Bernard, 279
Wax, Sérgio, 271
Weber, Hilde, 162, 163
Weintraub, Fabio, 278
Werneck, Giorgia, 275
Wey Junior, Clovis, 275
Willer, Claudio, 12, 37, 39, 63, 64, 65, 68, 70, 72, 73, 74, 90, 91, 119, 179, 182, 187, 249, 266, 267, 268, 269
Wis, Luciana, 284

Wojatschek, Georg, 71
Wolinski, Georges, 190
XALBERTO (Carlos Alberto Paes de Oliveira), 190, 192, 193, 268
Xavier, Livio Barreto, 22, 173, 182, 267
Xisto, Pedro, 105, 144, 145, 272
YABU, Tadatsuna, 137, 273
Yamaki, Masuo, 138
Yamamoto, José, 137
Yamamoto, Katsuzo, 137, 272
Yamashiro, José, 270
Yoshioka, Reimei, 137, 281
ZAMA, Caetano, 153
Zamboni, Ernesto, 271
Zamboni, Tamaki, 271
Zarif, Dora Avanzi, 272
Zerôncia, Águeda, 282
Zilbovicius, Henrique, 20, 272

AGRADECIMENTOS a Afonso Henriques Neto, Álvaro Alves de Faria, André Hellmeister, Antonio Lisboa Carvalho de Miranda, Aurora Duarte, Beatriz Helena Ramos Amaral, Beatriz Ohno, Carlos Alberto de Oliveira, Carlos Felipe Moisés (*in memoriam*), Claudio Giordano, Cláudio Willer, Eduardo Alves da Costa, Ésio Macedo Ribeiro, Eunice Arruda (*in memoriam*), Jiro Takahashi, Joana d'Arc Moreno de Andrade, João Antônio Buhrer Almeida, Juliana Kase, Léia Carmen Cassoni, Leila Echaime (*in memoriam*), Manuela Carneiro da Cunha, Maria Cristina Barbosa de Almeida, Maria Rossi Samora, Marjorie Sonnenschein, Olga Savary, Paulo Ludmer, Renata Pallottini, Ruy Pereira, Selma Daffré, Sérgio Lima e William Okubo, que de alguma forma colaboraram ou estimularam a realização deste trabalho.

E a todos demais autores e artistas, cujas obras são citadas ou reproduzidas.

JOSÉ ARMANDO PEREIRA DA SILVA é Mestre em História do Teatro pela Universidade do Rio de Janeiro e em História da Arte pela USP. Colaborou no *Correio Popular* de Campinas e foi redator e crítico do *Diário do Grande ABC*. Organizou exposições do Grupo Vanguarda de Campinas e colaborou na organização dos primeiros salões de arte contemporânea de Santo André. Foi professor de História da Arte e coordenador da Escola de Teatro da Fundação das Artes de São Caetano do Sul. É membro da Associação Brasileira de Críticos de Arte (ABCA).

Publicou: *Província e Vanguarda*, *Thomas Perina – Pintura e Poética*; *João Suzuki – Travessia do Sonho*; *A Cena Brasileira em Santo André*; *Paulo Chaves – Andamentos da Cor* e *Artistas na Metrópole – Galeria Domus, 1947-1951*. Organizou: *Guido Poianas – Retratos da Cidade*; *Vertentes do Cinema Moderno*; *Luís Martins, Um Cronista de Arte em São Paulo nos Anos 1940* e *José Geraldo Vieira – Crítica de Arte na Revista* Habitat.

TÍTULO *Massao Ohno, Editor*
AUTOR José Armando Pereira da Silva
EDITOR Plinio Martins Filho
PROJETO GRÁFICO Gustavo Piqueira e Samia Jacintho / Casa Rex
PRODUÇÃO EDITORIAL Aline Sato
REVISÃO Plinio Martins Filho
José Armando Pereira
Vera Lucia Belluzzo Bolognani
FORMATO 20,5 x 25,5 cm
TIPOLOGIAS Famílias Chronicle, Ringside e SuperClarendon
PAPEL DA CAPA E SOBRECAPA Couché 150 g/m²
PAPEL DO MIOLO Offset 120 g/m²
NÚMERO DE PÁGINAS 320
IMPRESSÃO E ACABAMENTO Gráfica Santa Marta

Esta edição só foi possível com o apoio de Frederico Jayme Nasser.